संत तुलसीदास
और उनका साहित्य

(जीवन परिचय और दोहे)

संकलन एवं संपादन
स्वामी आनंद कुलश्रेष्ठ

डायमंड बुक्स
www.diamondbook.in

प्रकाशक : **डायमंड पॉकेट बुक्स (प्रा.) लि.**
X-30 ओखला इंडस्ट्रियल एरिया, फेज-II
नई दिल्ली-110020
फोन : 011-40712200
ई-मेल : sales@dpb.in
वेबसाइट : www.diamondbook.in

Sant Tulsidas Aur Unka Sahitya
By : Swami Anand Kulshreshtha

प्रस्तावना

संत तुलसीदास को भारतीय संस्कृति में महाकवि कहा जाता है। यह ठीक है कि अधिकांश लोग उन्हें रामचरित मानस (रामायण) के रचयिता के रूप में जानते हैं, पर उन्होंने वेद, पुराण और शास्त्रों पर आधारित काव्य की रचना की है। तुलसीदास के दोहे बहुत लोकप्रिय और शिक्षाप्रद हैं। इस कारण इस पुस्तक के शुरू में उनके दोहों को प्रमुखता दी गई है।

तुलसीदास ने न केवल अपने नीति वचनों को दोहों की शक्ल में ढालकर जनमानस में एक चेतना का संचार करने का प्रयास किया है बल्कि जीवन के विविध पहलुओं को उजागर कर धर्म, अर्थ, काम, मोक्ष की प्राप्ति का मार्ग भी प्रशस्त किया है। यही कारण है कि हमने महाकवि तुलसी के जीवन परिचय का जिक्र करने के साथ-साथ दोहों को भी पर्याप्त स्थान दिया है। इसके अतिरिक्त रामचरित मानस के चुनिंदे दोहों और चौपाइयों को भी हमने इस पुस्तक में स्थान दिया है ताकि इस पुस्तक की गुणवत्ता में और भी अधिक वृद्धि हो जाए और जनमानस को इसका पर्याप्त लाभ मिल सके।

तुलसीदास मूलतः रामभक्त थे और उन्होंने जो कुछ भी लिखा राम के विषय में ही लिखा। तुलसीदास जी कवि से पहले एक रामभक्त थे, अतः राम को आधार बनाकर नीति और धर्म परक रचनाएं लिखीं। इस पुस्तक में भी तुलसी ने राम के चरित्र की विशालता, उदारता, दानशीलता और क्षमाशीलता का गुणगान किया है।

इस पुस्तक में हमने तुलसीदास की सभी 12 प्रसिद्ध पुस्तकों के प्रमुख अंशों को शामिल किया है। उनकी रचनाओं का सरल भाषा में अनुवाद कर पाठकों के सामने प्रस्तुत किया है, हमें पूरा विश्वास है कि यह पुस्तक सबको पसंद आएगी।

जीवन परिचय

गोस्वामी तुलसीदास

गोस्वामी तुलसीदास एक महान संत होने के साथ-साथ एक महान सृजनकर्ता भी थे। श्रीराम के परमभक्त होने के कारण भक्तिरस में डूबे उन्होंने अनेक काव्य लिखे, जिनमें 'रामचरित मानस' को एक महाकाव्य के रूप में विश्व स्तर पर ख्याति मिली। तुलसीदास कवि नहीं बल्कि सुकवि थे। छन्द, चौपाई, सोरठा, दोहा आदि से अपने काव्य को जिस तरह से उन्होंने जीवंतता और सरसता प्रदान की है, उस तरह की जीवंतता शायद ही किसी कवि ने अपने काव्य को दी है। तुलसीदास के काव्य की खास विशेषता यह है कि उनके काव्य को संगीत के साथ गाया जा सकता है। तुलसीदास एक स्वयं कुशल कथावाचक थे और रामकथा को गा-गाकर लोगों को सुनाया करते थे। तुलसीदास एक उदार हृदय के व्यक्ति थे। दूसरों के प्रति उनके मन में अपार श्रद्धा थी और प्रेम के मामले में भी तुलसीदास का कोई जवा़ब नहीं था। उन्होंने जीवन के हर रंग को बड़े करीब से देखा था। तभी तो तुलसीदास के साहित्य में जीवन के सभी पक्ष खुलकर सामने आए हैं। तुलसीदास को वेदों, पुराणों और शास्त्रों का विधिवत् ज्ञान था। इसका जीता-जागता सबूत 'रामचरित मानस' है, जिसमें गोस्वामीजी ने वेद, पुराण, शास्त्रों का निचोड़ बड़ी कुशलता से मिला दिया है।

गोस्वामी जी की एक यह विशेषता भी काबिले तारीफ थी कि वे सगुण ब्रह्म(राम) के उपासक थे। उनका मानना था कि सगुण और निर्गुण ब्रह्म में कोई फर्क नहीं है जैसे बर्फ और जल एक ही हैं। जल से बर्फ और बर्फ से जल बनने की क्रिया शाश्वत है, ब्रह्म की भी स्थिति यही है। निर्गुण विधि से ब्रह्म को जानना जितना असहज है उतना ही सहज सगुण विधि से जानना है।

तुलसीदास में समन्वय की भावना थी। उन्होंने रामचरित मानस में राम से यह कहलवाया कि जो लोग शिव को नहीं पूजते और मेरी पूजा करते हैं, वे

सपने में भी मुझे नहीं सुहाते और शिव से कहलवाया कि जो व्यक्ति राम की भक्ति में विश्वास नहीं करते वे मेरे भक्त नहीं हो सकते। इस तरह से गोस्वामीजी ने शिव और राम भक्तों को एक धागे में पिरोने का पुण्य कार्य किया। तुलसीदास मानवता को सबसे बड़ा धर्म मानते थे, मर्यादा का गुणगान करते थे और दूसरों को पीड़ा पहुंचाने के कार्य को सबसे अधम मानते थे। दूसरों का भला करना उनकी नजर में सबसे महान कार्य था। गोस्वामी जी ने जो महसूस किया, जिसे हृदय से अनुभव किंया, उसे ही आत्मसात किया और दूसरों के लिए भी उसे उपयुक्त माना।

तुलसीदास राम के भक्त होने के साथ हनुमान जी के भी परम भक्त थे और उन्होंने हनुमान जी को संकटमोचन कहकर उनका गुणगान किया, लेकिन तुलसीदास का प्रारंभिक जीवन बहुत ही विविधतापूर्ण रहा। जीवन में अनेक उतार-चढ़ाव उन्हें देखने पड़े।

प्रारंभिक जीवन

तीर्थराज प्रयाग के नजदीक एक बांदा जिला है। बांदा जिला में ही राजापुर नाम का एक सुन्दर-सा गांव है। राजापुर गांव में आत्माराम दूबे, जो जाति से ब्राह्मण थे, अपनी पत्नी हुलसी के साथ सुखपूर्वक रह रहे थे। अगर उन्हें किसी बात का दु:ख था तो वह था उनका नि:संतान होना। कोई भी संतान न होने की पीड़ा वे ब्राह्मण दंपति कई सालों से भुगत रहे थे। आत्माराम दुबे एक विद्वान ब्राह्मण थे। ईश्वर के प्रति उनकी बहुत निष्ठा थी। वह कहा करते थे कि भगवान के दरबार में देर है लेकिन अंधेर नहीं है। उनकी पत्नी हुलसी भी ईश्वर में आस्था रखने वाली थीं और धर्म के नाम पर अपना सर्वस्व न्यौछावर करने को तैयार रहती थीं, छल-कपट उनके मन में नहीं था। ईश्वर की कृपा आखिर हुलसी देवी पर बरसी और वह गर्भवती हो गईं। गर्भावस्था में हुलसी देवी अनेक चमत्कारिक अनुभवों से गुजरीं। पूरे नौ माह बीत गए लेकिन उन्होंने बच्चे को जन्म नहीं दिया। दूबे परिवार इस बात को लेकर काफी चिंता में था कि गर्भ में ऐसा क्या है कि नौ माह पूरे होने के बाद भी प्रसव-पीड़ा अभी तक नहीं हुई। दसवां और ग्याहरवां माह भी बीत गया।

यह एक आश्चर्यजनक घटना थी। हुलसी देवी को ईश्वर में आस्था थी। वह घबराई हुई तो थीं लेकिन निराश नहीं थीं। उन्हें ईश्वर पर पूरा भरोसा था

कि वह उनके साथ इतना बड़ा अन्याय नहीं करेंगे। बारहवां महीना लगा तो हुलसी देवी को प्रसव पीड़ा की अनुभूति हुई। संवत् 1554 की श्रावण शुक्ल सप्तमी को मूल नक्षत्र में हुलसी देवी ने एक अलौकिक व दिव्य बालक को जन्म दिया। यह कोई साधारण बालक नहीं था। यह तो कोई असाधारण बालक था। बच्चा पैदा होते ही चीखता-चिल्लाता है लेकिन यह बालक बिल्कुल शांत था, आम बच्चों की तरह चिल्लाया-चीखा नहीं। बालक ने मां के गर्भ से बाहर आते ही 'राम' का नाम लिया। उसके मुख में बत्तीसों दांत थे और उसके शरीर की बनावट पांच साल के बालक की तरह थी। पूरे गांव में इस बात की चर्चा होने लगी कि दूबे परिवार में एक ऐसे बालक ने जन्म लिया, जो पूरे पांच साल के बालक के समान है और उसके मुंह में बत्तीसों दांत हैं। पूरा गांव उनके घर पर उमड़ आया, जितने लोग उतनी बातें होने लगीं। बालक मूल नक्षत्र में पैदा हुआ था, यह सबसे अशुभ बात थी। लोगों की तरह-तरह की बातें सुनकर आत्माराम दूबे काफी डर गए। उनका सुख-चैन सब लुट गया। वह स्वयं एक वेदपाठी ब्राह्मण थे। उन्हें इस बात का ज्ञान था कि मूल नक्षत्र में जन्मा कोई बालक कितना विनाशकारी होता है। वह किसी अमंगल की कल्पना से ही घबरा उठे। उन्हें अब बालक के जन्म को लेकर कोई खुशी न थी, खुशियों के स्थान पर मातम छा गया। हुलसी देवी ने अब यह खबर सुनी तो वह भी चिंताओं के गहरे सागर में डूब गईं। अपने पति को उदास और दुःखी देखकर उन्होंने दशमी तिथि की रात्रि में अपनी दासी चुनियां से कहा–"तू इस बालक को लेकर अपनी ससुराल चली जा। बाद में जैसा होगा, मैं वैसा करूंगी।"

चुनियां हुलसी देवी से बहुत स्नेह रखती थी और उनका आदर भी करती थी। कहते हैं न कि भविष्य में क्या घटने वाला है व्यक्ति को इसका अंदेशा हो जाता है, भले ही वह उसे वह नजरअंदाज कर जाता है लेकिन हुलसी देवी ने जो महसूस किया उसे नजरअंदाज नहीं किया। वह भविष्य में घटने वाले अनिष्ट को स्पष्ट रूप से देख रही थीं।

चुनियां बालक को लेकर चली गई और उसके जाने के अगले दिन ही हुलसी देवी ने इहलोक त्याग दिया। उनकी आत्मा परमात्मा में विलीन हो गई। बालक ने पैदा होते ही 'राम' नाम का स्मरण किया था, इसलिए लोगों ने बालक को 'रामबोला' के नाम से पुकारना शुरू कर दिया। लोगों को इस बात का तब बोध कहा था कि पैदा होते ही राम का नाम लेने वाला बालक कोई साधारण बालक नहीं हो सकता है।

चुनिया ने बालक को पालने-पोसने में कोई भेद-भाव नहीं किया। अपने पुत्र से भी बढ़कर उसने बालक को वात्सल्य दिया। बालक रामबोला जब पांच वर्ष का हुआ तब चुनिया ने भी इस संसार को छोड़ दिया। चुनिया का निधन रामबोला के लिए ढेरों कष्ट लेकर आया। रामबोला का अब इस दुनिया में कोई नहीं था। वह बिल्कुल ही अनाथ हो गया। उसकी देखभाल करने वाला कोई नहीं था। आत्मा राम दूबे का भी निधन हो गया था। उम्र कोई भी हो भूख तो सबको ही लगती है और अनाथ बच्चों पर दया कोई कहां करता है, उल्टे उन्हें घृणा की नजर से देखता है। रामबोला द्वार-द्वार घूमने अर्थात् भीख मांगने लगे। वह जिस दरवाजे पर जाते स्त्रियां डर कर झट से दरवाजे बंद कर देतीं कि कहीं उनका भी अनिष्ट न हो जाए। जन्म लेते ही माता-पिता मर जाएं, भला उस बालक के पास कौन आना चाहेगा। दासी चुनियां के निधन के बाद तो रामबोला को लेकर लोगों में और भी अधिक गलत धारणाएं बन गई थीं। महिलाएं रामबोला को 'अपशकुन' मानती थीं। रामबोला दाने-दाने के मोहताज हो गए। कोई उन्हें भीख देने के लिए भी तैयार नहीं था।

गोस्वामी जी ने अपनी इस कठिन स्थिति का वर्णन स्वयं 'विनय पत्रिका' में किया है। उन्होंने लिखा है कि बालक रामबोला की यह दुर्दशा जगतजननी माता पार्वती से नहीं देखी गई और वे ब्राह्मणी के वेश में रोजाना ही उस बालक के पास आने लगीं व उसे अपने हाथों से भोजन कराने लगीं।

रामबोला ईश्वर-अंश थे। वह अमंगलकारी नहीं, मंगलकारी थें लेकिन यह दुनिया किसी भी चीज को अच्छी दृष्टि से कहां देखती है। गोस्वामी जी ने स्वयं कहा है कि जिसे लोग अमंगलकारी समझकर छोड़ देते हैं, भगवान विश्वनाथ उसकी देखभाल स्वयं करते हैं। भगवान शिव ने रामबोला के विषय में रामशैल पर वास करने वाले श्री अनंतानंद जी के शिष्य श्री नरहर्यानंद जी को दी। श्री नरहर्यानंद एक पहुंचे हुए सिद्ध महात्मा थे। उन्हें भगवान शिव की अनुकंपा से दिव्य ज्ञान प्राप्त था। वह उसी क्षण रामबोला की खोज में निकल गए। जहां चाह होती है, वहां राह भी निकल ही आती है और जहां प्रेम होता है, वहां कोई भी समस्या-समस्या बन कर नहीं रह पाती है। श्री नरहर्यानंद ने रामबोला को आखिर ढूंढ़ ही निकाला और वे रामबोला को लेकर अयोध्या के लिए प्रस्थान कर गए।

रामबोला के अब बुरे दिन बीत गए थे। कहते हैं न कि जब अच्छे दिन आते हैं तो बुरे दिन अपने आप ही भाग जाते हैं। राम बोला को न तो अब

ताने सुनने पड़ रहे थे और न ही दाने-दाने के लिए तरसना पड़ रहा था। वे एक योग्य गुरु के हाथों से सजने-संवरने लगे तथा बढ़ने-फलने लगे। वे बचपन से ही असाधारण थे उन्हें कोई भी शिष्टाचार सिखाने की जरूरत नहीं थी।

नरहर्यानंद ने अयोध्या में ले जाकर संवत् 1561 माघ शुक्ल पंचमी शुक्रवार को रामबोला का शास्त्रोक्त विधि से यज्ञोपवीत संस्कार करवाया। फिर वैष्णवों के पांच संस्कारों से रामबोला को संस्कारित किया गया और 'राम' नाम का गुरु मंत्र दिया गया। रामबोला तुलसीदास हो गए। गुरु नरहर्यानंद ने उनसे कहा कि अयोध्या में रहकर ही वह शास्त्रों का पठन-पाठन करें।

तुलसीदास स्वयं एक अलौकिक पुरुष थे। उन्हें बस इशारे की आवश्यकता होती थी। गुरु नरहर्यानंद की छत्र-छाया में उनकी अलौकिकता खुलकर प्रकट होने लगी। वे गुरु के मुख से एक बार जो भी सुन लेते उसे कंठस्थ ही नहीं करते बल्कि मन में हमेशा के लिए रख लेते। दिव्य गुणों वाला चमत्कारी शिष्य पाकर गुरु भी धन्य हो गए, श्रेष्ठ शिष्य गुरु के लिए किसी संपति से कम मूल्यवान नहीं होता। हर गुरु की तमन्ना होती है कि कोई ऐसा शिष्य मिले, जो स्वयं के साथ-साथ गुरु का नाम भी रोशन कर दे। तुलसीदास एक ऐसे ही शिष्य थे। वे गुरु की महिमा को जानते थे और गुरु को ब्रह्म से भी अधिक मानने वाले थे। उनके लिए ब्रह्म से भी ऊंचा स्थान गुरु का था।

तुलसीदास गुरु के साथ अयोध्या में रहने के बाद शूकर क्षेत्र चले गए। वहीं पर तुलसीदास ने गुरु के मुख से पहली बार रामचरित को सुना। उन्हें राम का चरित बहुत ही अच्छा लगा। राम तो बचपन से ही तुलसीदास के रोम-रोम में रचे-बसे थे। रामकथा सुनने के बाद राम के प्रति उनकी आस्था और भी गहरी हो गई। शूकरक्षेत्र कुछ दिनों तक रहने के बाद तुलसीदास शिव की नगरी काशी आ गए।

तुलसीदास बचपन से ही मेधावी और दिव्य तेजयुक्त थे। बाबा नरहर्यानंद ने तुलसीदास को आचार्य शेष सनातन से मिलवाया। आचार्य शेष सनातन वेदों के ज्ञाता था और उस जमाने के धुरंधर विद्वान थे। गुरु नरहर्यानंद की इच्छा थी कि तुलसीदास जैसा होनहार चमत्कारी, शेष सनातन जैसे विद्वान के सान्निध्य में शिक्षा-दीक्षा ग्रहण करे। शेष सनातन से तुलसीदास को मिलवाने का उनका मुख्य उद्देश्य यही था। तुलसीदास भी चाहते थे कि आचार्य शेष सनातन उनकी प्रतिभा को निखारकर कंचन बना दें। तुलसीदास

से मिलकर शेष सनातन को बहुत खुशी हुई और उन्होंने उन्हें तुरंत ही शिष्य के रूप में स्वीकार कर लिया।

गुरु नरहर्यानंद चाहते थे कि तुलसीदास वेदों का गहन अध्ययन करें क्योंकि वेदों के ज्ञान के बिना सार तत्व को समझना तुलसीदास के लिए कठिन था। वेदों को वे देववाणी मानते थे और उन्हें ईश्वर के बहुत करीब पाते थे। शेष सनातन से तुलसीदास को मिलवाकर गुरु नरहर्यानंद यात्रा पर निकल गए। तुलसीदास शेष सनातन से वेदों की शिक्षा ग्रहण करने में पूरे मनोयोग से जुट गए।

काशी में तुलसीदास शेष सनातन जी के पास 15 वर्षों तक रहे, जहां उन्होंने वेदों का सांगोपांग अध्ययन किया। तुलसीदास अब बीस साल के युवा थे। आचार्य शेष सनातन ने उन्हें आदेश देते हुए कहा कि तुलसी! मुझसे प्राप्त शिक्षा का दुरुपयोग कभी नहीं करना। इसे धनार्जन का जरिया कभी नहीं समझना और भगवान राम पर अपना विश्वास सदा ही बनाए रखना। वही तुम्हारी नैया पार लगाएंगे। हां, एक और बात...मैंने वेदों की शिक्षा तुम्हें विधिवत् दी है। क्या, तुम मुझे बता सकते हो कि वेदों का सार क्या है? तुलसीदास कुछ देर तक शांत रहे फिर गुरु शेष सनातन की ओर देखते हुए कहा–"गुरुदेव! मैं वेदों का कुल निचोड़ तो इसे ही मानता हूं कि परोपकार से बड़ा कोई पुण्य नहीं है और दूसरों की पीड़ा पहुंचाने से बढ़कर कोई पाप नहीं है।" तुलसी के इतना कहते ही शेष सनातन का माथा गर्व से ऊपर उठ गया। वह तुलसी के सिर पर हाथ धर कर बोले–"तुलसी! तुम महान हो। तुम्हारी कीर्ति युगों-युगों तक रहे। तुमने वेदों का सही अर्थों में अध्ययन किया है और अक्षरशः उन्हें समझा भी है। तुम जैसे शिष्य विरले ही होते हैं। शिष्य के रूप में तुम्हें पाकर मेरा जीवन धन्य हो गया। मैंने सारे जन्मों का पुण्य इकट्ठे ही प्राप्त कर लिया है।"

तुलसीदास गुरु के चरणों को छूकर बोले–"गुरुदेव! मैं आपके आदेश का आजीवन अक्षरशः पालन करूंगा। आप जैसा योग्य व सहृदय गुरु आसानी से कहां मिलता है। यह तो मेरा पूर्वजन्म का कोई पुण्य था कि आप जैसा गुरु मुझे मिला।" शेष सनातन जी तुलसीदास की इस नम्रता से बहुत ही प्रभावित हुए और उन्हें आदेश दिया कि "सबसे पहले तुम गृहस्थ-आश्रम में प्रवेश करो। जीवन ज्ञान इस आश्रम में रहकर ही व्यक्ति को होता है।" तुलसीदास घबरा गए और हाथ जोड़कर बोले–"क्षमा चाहता हूं गुरुदेव, मैं गृहस्थाश्रम में

प्रवेश करना नहीं चाहता क्योंकि गृहस्थ बन जाने के बाद मुझे न तो माया ही मिलेगी और न राम ही मिलेंगे। मैं राम भक्ति और लोक-हितकारी कार्य नहीं कर सकूंगा।" आचार्य शेष सनातन ने उनकी इस सोच का खंडन करते हुए कहा-"वत्स! गृहस्थ-आश्रम कोई अदना-सा आश्रम नहीं है। यह सबसे उत्तम आश्रम है। व्यक्ति इस आश्रम में रहकर ही जीवन के हर रंग को देखता है और जीवन क्या है? करीब से देखता है। इस आश्रम में रहकर तुम लोक हितकारी कार्य आसानी से कर सकोगे। मैं तुम्हारी इस सोच का खंडन करता हूं। भगवान राम भी तो एक गृहस्थ ही थे। उन्होंने भी तो विवाह किया था। क्या उन्होंने लोक-हितकारी कार्यों को नहीं किया?" आचार्य शेष सनातन के शब्द तुलसीदास को दुविधापूर्ण स्थिति में डाल गए। तुलसी बोले-"गुरुदेव! मैं भगवान राम थोड़े ही हूं। मैं तो एक साधारण मानव हूं।" "यह तुम कह रहे हो तुलसी....। तुम ईश्वर का अंश हो यानी तुम्हारे अन्दर जो जीव है वह ईश्वर का अंश है और वह भी अविनाशी है उसका कभी विनाश नहीं होने वाला। तुम भी ईश्वर तुल्य ही हो, विवाह करने के बाद ही जीवन की सच्चाइयों से साक्षात्कार होता है और प्रेम का अंकुर फूटता है। तुम्हें जब तक पूर्वता नहीं मिलेगी तब तक यह शिक्षा व्यर्थ है और रामभक्ति भी तुम्हें नहीं मिलेगी।" तुलसीदास गुरु के प्रवचन सुनकर गदगद हो गए। उनका रोम-रोम पुलकित हो गया। आचार्य शेष सनातन के इस तर्क के सामने तुलसीदास की एक न चली और उन्होंने विवाह करने का निर्णय ले लिया।

वैवाहिक जीवन

वह अपने गुरु आचार्य शेष सनातन से आज्ञा लेकर शूकर क्षेत्र आ गए और राजापुर के एक मंदिर में राम कथा सुनाने लगे। इस मंदिर की सीढ़ियों पर से ही उन्हें उठाकर बाबा नरहरि ने नवजीवन दिया था।

राजापुर के मंदिर में तुलसी हमेशा की भांति राम कथा सुना रहे थे। श्रोताओं की बहुत भीड़ थी, स्त्रियों के समूह में एक अपूर्व सुन्दरी बड़े ध्यान से कथा सुन रही थी, कथा सुनाते-सुनाते अचानक ही तुलसी की दृष्टि उस सुन्दर युवती पर जा ठहरी। वह सुन्दरी भी तुलसी को ही अपलक देख रही थी, दोनों की दृष्टि जब आपस में मिली तब इशारों-ही इशारों में बात भी होने लगी।

कथा समाप्त होने के बाद श्रोताओं की भीड़ कम हो गई तब अवसर देखकर वह युवती तुलसी के समीप आकर खड़ी हो गई। तुलसी का हृदय

जोर-जोर से धड़कने लगा। वह खामोशी को तोड़ते हुए पूछ बैठे-"तुम्हारा क्या नाम है?"

"मेरा नाम रत्नावली है।" यह कहते-कहते रत्नावली लजा गई, बड़ी मुश्किल से उसने अपना नाम बताया था। तुलसी कुछ सकुचाते हुए पुनः पूछ बैठे-

'तुम्हारा वर्ण?'

'ब्राह्मण।' रत्नावली यह कहते-कहते मुस्कुरा पड़ी।

'किस गांव की हो....?' तुलसी के मुंह से अचानक ही निकल गया।

'इसकी क्या जरूरत पड़ गई...?' रत्नावली शरारत कर बैठी।

'तुम्हारे घर पर आना चाहता हूं। तुमसे, तुम्हारे पिता से मिलने की इच्छा है।' तुलसी एक सांस में ही बोल गए।

'आपको मना किसने किया है! जरूर आइए। मेरे पिताजी को आपसे मिलकर खुशी होगी।'

रत्नावली के यह कहते ही तुलसी का चेहरा खिल गया। रत्नावली जाते-जाते कह गई-'आपकी प्रतीक्षा मैं करूंगी। आप हमारे घर आएंगे तो मुझे अत्यंत प्रसन्नता होगी।'

तुलसी यह सुनकर आश्चर्यचकित रह गए।

रत्नावली उन्हें घर का पता और आने का न्योता इतनी चतुराई से दे गयी कि वह रत्नावली को लेकर अत्यंत ही रोमांचित हो उठे।

तुलसी को चैन ही कहां था। वह अगले दिन ही रत्नावली के घर पहुंच गए।

'आओ वत्स, तुलसी....' रत्नावली के बूढ़े पिता पंडित दीन-बंधु पाठक ने उनका भव्य स्वागत किया।

तुलसी का चेहरा हर्ष व शर्म से लाल हो गया। वह बोले-'मैं...तु....

'हां वत्स, मैं जानता हूं, तुम ही तुलसी हो। रत्नावली ने तुम्हारे बारे में सब बता दिया है। वैसे मुझे पहले से ही तुम्हारे बारे में सब पता है।'

'क्या! आप पहले से ही मुझे जानते हैं?' यह कहते-कहते तुलसी की आंखें आश्चर्य से फैल गईं।

'हां वत्स! मैं तुम्हारे पिता आत्माराम दुबे और तुम्हारी माता हुलसी को भी जानता हूं। बचपन में तुम्हें कितने कष्ट सहने पड़े और तुम कैसे यहां तक पहुंचे, यह भी मैं जानता हूं।' दीनबंधु पाठक के यह कहते ही तुलसी आश्चर्य में पड़ गए।

'मैं एक गरीब ब्राह्मण हूं। क्या यह भी आप जानते हैं?' तुलसी संकोच करते हुए बोले।

'तुम एक विद्वान हो, वेदों के ज्ञाता हो, भला विद्वान कभी गरीब होता है! तुम तो विद्वान होने के साथ-साथ एक कुशल कवि भी हो। मेरी कन्या रत्नावली परम् विदुषी है, कविताएं भी लिखती है। तुम दोनों का साथ खूब रंग लाएगा। वत्स, तुम संकोच कर रहे हो लेकिन मैं जान गया हूं कि तुम रत्नावली को मुझसे मांगने आए हो....।' यह कहते-कहते दीनबंधु पाठक तुलसी के बहुत करीब आ गए और कहने लगे-'तुम रत्नावली के लिए योग्य वर हो। मुझे अपनी कन्या को तुम्हें सौंपकर अपार खुशी होगी।' दीनबंधु पाठक यह कहकर हंस पड़े। तुलसी का विवाह बड़ी धूमधाम से रत्नावली से हो गया। तुलसी अंगारों-सा दमकता हुआ रत्नावली का तन देख मुग्ध हो गए और यह आसक्ति इतनी बढ़ गई कि वह अपनी सुधबुध खो बैठे। बस रत्ना ही रत्ना उनके रोम-रोम में बस गई। तुलसी को रत्ना परम सुखदायक लग रही थी पर रत्ना प्रसन्न नहीं थी। वह अपने आपके प्रति तुलसी की इतनी गहरी आसक्ति देखकर आतंकित थी। उसे इस बात का दु:ख था कि तुलसी प्रेम व आसक्ति में अंतर करना भूल गए हैं।

तुलसी विवाह के बाद अब पहले वाले कथावाचक तुलसी नहीं थे। उनकी हालत यह थी कि उनकी भूख बढ़ती ही चली जा रही थी, न तो वह दिन देखते और न रात, जब भी एकांत पाते रत्नावली पर भूखे जानवर की तरह टूट पड़ते। उनके दिलो-दिमाग में रत्नावली ही थी, कथा बांचना, धर्म-कर्म करना सब उन्होंने छोड़ दिया था।

रत्नावली तुलसी को लेकर काफी चिंतित थी। महा विद्वान तुलसी वासना का पुतला बनकर रह गया है यह ख्याल आते ही रत्नावली का हृदय दो टूक हो जाता। वह इसके लिए स्वयं को ही दोषी मानती। रत्नावली ने सोचा कि वह कुछ दिनों के लिए मायके चली जाएगी तो शायद तुलसी में बदलाव आ जाए और वह प्यार और आसक्ति में फर्क करना भी समझ जाए। रत्नावली का प्रेम तुलसी के प्रति सच्चा था, वह तुलसी से अलग रहना नहीं चाहती थी लेकिन तुलसी की उसके प्रति आसक्ति को देखकर ही उसने यह निर्णय किया था।

तुलसी जब घर पर नहीं थे, वह मायके के लिए प्रस्थान कर गई। तुलसी कथा बांचकर मंदिर से आए तो रत्नावली को कहीं न देखकर वह काफी चिंतित हो गए। आस-पड़ोस में जा-जाकर उन्होंने रत्ना को ढूंढ़ा। रत्ना कहीं नहीं मिली

तो वह निराश होकर घर आ गए। तुलसी ने जब रत्नावली के कपड़े कहीं नहीं देखे तब उन्होंने अनुमान लगा लिया कि वह मायके चली गई है। तुलसी अब कहां शांत बैठने वाले थे, वह उसी क्षण रत्नावली के मायके के लिए निकल पड़े।

तुलसी की ससुराल तारिपता गांव में थी। तारिपता गांव यमुना नदी के उस पार था। बारिश का मौसम था, यमुना नदी उफन रही थी और अपने तटों को तोड़कर सब कुछ स्वयं में विलीन कर देना चाहती थी। शाम ढल गयी थी, आसमान बादलों से ढका हुआ था। किसी भी समय मूसलाधार बारिश हो सकती थी लेकिन तुलसी को इन सबकी कोई परवाह नहीं थी। तुलसी परेशान थे कि ऐसे मौसम में रत्नावली अकेली घर से निकल गई, जाने वह किस हाल में होगी? तुलसी को सिर्फ रत्नावली की चिंता थी। तुलसी यह सोचते ही नदी की ओर भागते चले गए। नदी से तट तक आते-आते बारिश होने लगी, बादल गरज रहे थे और आसमान में बिजली चमक रही थी। तुलसी ने एक नाविक से नाव उस पार ले चलने को कहा तो उसने ऐसे तूफान में नाव ले जाने से मना कर दिया। तुलसी ने दूर-दूर तक नजर दौड़ाई तो हिचकोले खाती जा रही एक नाव नजर आई, जिस पर रत्नावली अकेली ही बैठी हुई थी। तुलसी अगले पल ही छपाक से नदी में कूद पड़े और हाथ-पांव फेंक-फेंककर तैरने लगे लेकिन उफनती नदी में वह कब तक तैरते, जल्दी ही थक गए। तभी उनकी नजर एक तैरती चीज पर पड़ी। उन्होंने लपक कर उसे पकड़ा और उस पर बैठ गए। नदी के बहाव की दिशा में तुलसी तेज गति से बहते चल पड़े और रत्नावली की नाव के समीप पहुंच गए। रत्नावली उसी नाव में थी। जब बिजली कौंधी तो तुलसी की नजर उस पर अचानक ही पड़ गई। तुलसी आर्तस्वर में पुकार उठे–'रत्ना..., रत्ना ने तुलसी की आवाज सुन ली और यह सोचकर सन्न रह गई कि इस उफनती नदी में तुलसी का स्वर कहां से आ रहा है? तभी तुलसी का स्पष्ट स्वर उसे पुनः सुनाई दिया। वह नाविक के पास दौड़कर आ गई–'भैया, जरा नाव रोक लो। मुझे मेरे पति पुकार रहे हैं। वह देखो नाव के पास आ गए हैं, उनका जीवन खतरे में है। मेरी मदद करो, भैया।' नाविक को दया आ गई। उसने रस्सा नदी में फेंक दिया। तुलसी रस्सा पकड़कर नाव में आ गए लेकिन अगले ही पल मूर्च्छित होकर नाव में लेट गए। रत्ना घबराकर उन पर झुक गई और अपनी गोद में उनका सिर रख लिया। तभी नाविक डरे हुए स्वर में चीख पड़ा–'हे भगवान, यह आदमी तो लाश पर चढ़कर आया है। यह कौन मूर्ख है, जो लाश और लकड़ी में भी अन्तर न कर सका?'

रत्नावली शांत ही रही। नाविक ने रत्नावली से सवाल कर दिया–'यह सनकी तुम्हारा पति है?' 'हां!' यह कहते-कहते रत्नावली शर्मसार हो गई। एक नाविक ने विद्वान तुलसी को मूर्ख कहकर धिक्कारा था। तुलसी की इस दशा की वजह तो वही थी। तुलसी के कारण ही तो वह अनजान लोगों के बीच अपमानित हुई थी। रत्ना कामांध तुलसी के प्रति क्रोध से और भी अधिक भर गई। तुलसी कामांधता की हद को पार कर गए थे। वह लाश को लकड़ी समझ ऐसी तूफानी शाम में नदी पार करने का दु:साहस भरा कृत किया था। इतने में तुलसी होश में आ गए और अपना सिर रत्नावली की गोद में देखकर बालकों की तरह मचलकर कहने लगे–'रत्ना! तुम मुझे छोड़कर कहां जा रही ...! मैं तुम्हारे बिना एक पल भी जीवित नहीं रह सकता। तुम मेरी जिन्दगी हो, रत्ना।'

रत्ना देह के प्रति तुलसी की यह आसक्ति देखकर विचलित हो उठी, आत्मग्लानि से भर गई। एक असाधारण व्यक्ति का साधारण व्यवहार उसे आहत कर गया।

वह तुलसी की ओर देखते हुए बोली–

लाज न लागत आपको, दौरे आवहु साथ।
धिक्-धिक् ऐसे प्रेम को, कहा कहूं मैं नाथ॥
अस्थि-चर्ममय देह मम, तामें जैसी प्रीति।
ऐसी जो श्रीराम महे, होति न तो भव भीति॥

तुलसी के मन को बड़ी ठेस लगी। उनके आगे अंधेरा छा गया। उन्हें रत्नावली पर आश्चर्य हो रहा था। इतने में नाव किनारे पर आ लगी। विक्षिप्त तुलसी नाव से उतरकर चुपचाप खड़े हो गए। रत्नावली खामोश थी। दोनों चुप्पी साधे आगे बढ़ गए और तारपिता गांव पहुंच गए लेकिन वह गांव के अंदर पांव नहीं रख सके। उनकी अन्तर्रात्मा उन्हें बार-बार धिक्कार रही थी। वह बोले–'रत्ना, अब मैं तुम्हारे साथ नहीं चल सकता। मैं वापस यहीं से लौट रहा हूं। मुझसे मोहवश जो गलती हो गई, सम्भव हो तो क्षमा कर देना। मैं तुम्हारे जीवन से जा रहा हूं रत्ना... तुलसी का कामुक स्वरूप अब तुम नहीं देखोगी।' यह कहते हुए तुलसी लौट गए। रत्नावली बेसुध उन्हें जाते देख रही थी। वह तुलसी को आवाज देकर बुला न सकी। तुलसी उसकी आंखों से ओझल हो गए।

पत्नी से मोह भंग

चार साल तक तुलसी यूं ही जगह-जगह भटकते रहे। रत्नावली की याद आती तो मन बेचैन हो जाता। इसी व्यग्रता में एक बार वह तारपिता गांव पहुंच गए और उस गांव के मंदिर में रात बिताने के लिए ठहर गए। वह रत्ना की यादों में खोए ही थे तभी पुजारी से एक व्यक्ति को कहते सुना कि क्या बताऊं पंडितजी, दीनबंधु जी बड़े ही अच्छे व्यक्ति हैं। उनकी बेटी रत्ना का युवावस्था में ही निधन, पूरे गांव को दुःखी कर गया है।

तुलसी यह सुनते ही चौंक गए। उनकी आंखें आंसुओं से नहा गईं। पंडित कह रहा था–'रत्ना बिटिया का भी भाग्य विधाता ने जाने किस मुहूर्त में लिखा था, सुख तो उसने देखा ही नहीं। पहले मां मर गई, फिर भाई का देहांत हो गया और शादी हुई तो पति उससे रूठकर जाने कहां चला गया। पति के वियोग में बेचारी ने प्राण ही त्याग दिए।' तुलसी यह सुनते ही आर्तनाद मैं चीख पड़े–'नहीं, रत्ना अपनी मौत से नहीं मरी है... उसकी मौत की वजह मैं हूं।'

तुलसी अन्दर-ही-अन्दर अपराधबोध की पीड़ा से जल उठे। तुलसी अब पछता रहे थे कि मैंने इन चार सालों में रत्नावली की खबर क्यों न ली। मैं क्यों रत्नावली से भागता रहा? मैं उसके पास पहुंच गया होता और जैसा वह चाहती थी वैसा ही जीवन जीने लगता तो आज रत्नावली जिन्दा होती। वह यूं जल-जलकर न मरती।

तुलसी अगले दिन ही चित्रकूट के लिए रवाना हो गए और रत्ना का वहां पर श्राद्ध किया। रत्नावली उनके साथ नहीं थी लेकिन उसकी यादें अभी भी उनके साथ थीं। रत्ना उनको किस रूप में देखना चाहती थी, तुलसी के भीतर यह प्रश्न गूंजने लगा। रत्ना की मौत के बाद तुलसी ने आत्मचिंतन का कार्य शुरू कर दिया।

तुलसी चित्रकूट से काशी आ गए और लोलार्क कुंड के एक बड़े मठ के महंत बन गए। यश, मान, धन सब मिल गया, पर मन अभी भी अशांत ही था। वह यह सब नहीं चाहते थे। उनकी रत्नावली भी यह सब नहीं चाहती थी। वह तो उन्हें रामभक्त के रूप में देखना चाहती थी। तुलसी ने निश्चय किया कि वह राम कथा को आधार बनाकर एक ऐसा महाकाव्य लिखेंगे जो कालजयी बन जाए। फिर (सन् 1574) चैत्र मास की नवमी को रामचरितमानस का लेखन कार्य प्रारंभ हुआ। तुलसी सूरदास के समय के थे तथा सूर से प्रभावित भी थे, उनसे मिले भी थे। कृष्ण भक्ति के पदों की रचना भी तुलसी ने की थी लेकिन उनकी आस्था राम के प्रति ही थी।

तुलसी ने महंत का पद छोड़ दिया और संन्यास ग्रहण कर 'रामचरित मानस' की रचना में स्वयं को समर्पित कर दिया। इस दौरान वह कभी चित्रकूट, कभी अयोध्या तो कभी काशी में रहने लगे। वैसे तुलसीदास का ज्यादातर समय काशी में ही व्यतीत हुआ।

संवत 1680 (सन् 1623 ई.) को श्रावण शुक्ल सप्तमी के दिन तुलसीदास ने काशी के असीघाट पर देह को त्याग दिया। तुलसीदास के निधन को लेकर यह दोहा प्रचलित है–

संवत सोलह सो असी, असि गंग के तीर।
श्रावण शुक्ला सप्तमी, तुलसी तजौ शरीर।।

तब तुलसीदास इक्यानवे वर्ष के थे जब उनका देहांत हुआ।

तुलसीदास हिन्दी साहित्य के कभी न बुझने वाले दीपक हैं, इनका काव्य हिन्दी साहित्य का आधार स्तंभ है। वे रामभक्ति शाखा के सर्वोच्च कवि हैं। वैसे अगर गहराई से देखा जाए या उनके काव्यों का अवलोकन किया जाए तो उनकी रचनाओं में विश्व की समूची भक्ति का सूर्य चमकता हुआ दिख जाएगा। उन्होंने चारों वेदों, शास्त्रों, देवी-देवताओं, सारे मतों को एकजुट कर जो प्रशंसनीय कार्य किया, वह अतुलनीय है।

गोस्वामी तुलसीदास की रचनाएं

रामचरित मानस

महात्मा गांधी ने कहा है कि मैं तुलसीदास की रामायण को भक्ति-मार्ग का सबसे श्रेष्ठ ग्रंथ समझता हूं। सुमित्रानंदन पन्त ने कहा है कि इतिहास में महाकाव्य और महाकाव्य में इतिहास है। महान संत कवि रहीम ने कहा है कि रामचरित मानस हिन्दुओं का वेद और यवनों का कुरान है।

संवत 1631 (सन् 1574) चैत्र मास की नवमी तिथि को तुलसीदास ने रामचरित मानस की रचना की शुरुआत अयोध्या में की। यह रामचरित मानस अवधी भाषा में लिखा गया, जो पूरे विश्व-भर में विख्यात हो गया। रामचरित मानस का मुख्य छन्द, चौपाई और दोहा है। सोरठा का भी प्रयोग हुआ है। तुलसीदास ने रामचरित मानस में सहज और सरल शैली अपनाई है। भाषा पर उनका पूरा अधिकार है। रामचरित मानस काव्य और भक्ति की गंगा है,

जिसमें राम का सम्पूर्ण जीवन कुशलतापूर्वक वर्णित हुआ है। राम को तुलसीदास ने ब्रह्म कहा है, पर रामकथा एक मानवीय धरातल पर प्रस्फुटित हुई है। राम का जीवन मानव संघर्षों की कहानी है। रामचरित मानस एक उत्कृष्ट महाकाव्य है। इसके समान का कोई भी महाकाव्य विश्व-भर में अभी तक उपलब्ध नहीं है।

भाषा की दृष्टि से मानस में शास्त्रीय और लौकिक भाषा का मिश्रण है। रामचरित मानस को कम पढ़ा-लिखा और बहुत पढ़ा-लिखा, दोनों ही समानरूप से जानते हैं, समझते हैं और इसका आनंद उठाते हैं।

विनय पत्रिका

रामचरित मानस के बाद तुलसीदास की यह द्वितीय कृति है और इसका महत्व रामचरित मानस से कम नहीं है। इस काव्य की रचना तुलसीदास ने तब की थी जब कलियुग ने उन्हें पीड़ित करना शुरू कर दिया था। तुलसीदास ने इस काव्य के माध्यम विनम्र प्रार्थना की है। इसमें किसी देवी-देवता की कहानी नहीं है ज्ञान, भक्ति, वैराग्य का इस काव्य में अनूठा मिश्रण है। तुलसीदास ने 'विनय पत्रिका' लिखकर भगवान राम को अर्पित की है और भवसागर की पीड़ा से मुक्ति की याचना करते हुए मोक्ष की कामना की है।

दोहावली

दोहावली ज्ञान, भक्ति, प्रेम, त्याग और श्रीराम की मद्विगन से ओत-प्रोत दोहों का एक ऐसा क्षीर सागर है, जिसमें डुबकी लगाने वाला भव सागर को सहजता से पार कर जाता है।

कवितावली

कवितावली सात सोपानों में है। भगवान राम की बाल-क्रीड़ा तथा लंका-दहन का अनूठा वर्णन छन्दों में है। तुलसीदास ने इसमें अपनी आत्मकथा को भी मधुर छन्दों में प्रस्तुत किया है।

गीतावली

गोस्वामी जी ने इसमें रामचरित को गीतों में लिखा है। इसको लिखने का मकसद यही था कि भक्तजन इसे गीत के रूप में गाकर सबको सुनाएं और

राम की महिमा से जन-जन का साक्षात्कार कराएं। गीतावली में गोस्वामी जी का दासत्व भाव साफ नजर आता है।

जानकी मंगल

जानकी मंगल में राम और उनके भाइयों के जीवन चरित्र पर दृष्टिपात किया गया है और राम के साथ-साथ उनके भाइयों के विवाह-संस्कार का विधिवत् वर्णन किया गया है। गोस्वामी जी ने इस काव्य को महिलाओं के लिए लिखा है ताकि वे शादी-ब्याह के अवसरों पर मंगल गान कर मनोरंजन कर सकें।

पार्वती मंगल

पार्वती मंगल का मुख्य आकर्षण शिव-पार्वती विवाह है। शिव को पाने के लिए पार्वती ने कितना जप, तप और संघर्ष किया, इसका अनूठा चित्रण तुलसीदास ने किया है। शिव के प्रति पार्वती का प्यार अनूठा है और तुलसीदास ने बड़ी कुशलता से इस प्रेम को व्यक्त किया है।

रामलला नहछू

पुत्र जन्म, विवाह और यज्ञोपवीत आदि मौकों पर होने वाली रस्मों और रीति-रिवाजों का वर्णन इस पुस्तक में तुलसीदास ने किया है तथा रामलला नहछू के पावन अवसर पर होने वाले संस्कारों का विधिवत् वर्णन है।

कृष्ण गीतावली

कृष्ण गीतावली ब्रज भाषा में लिखी गई है। 61 पदों में कृष्ण के जन्म से लेकर बचपन तक की क्रीड़ाओं का अनूठा चित्रण है।

वैराग्य-संदीपनी

62 छंदों में गोस्वामी जी ने संन्यासियों के धर्म, कर्म और व्यवहार का चित्रण किया है। संन्यास धर्म का पालन करते हुए उन्हें ईश्वर की आराधना किस प्रकार करनी चाहिए, गोस्वामी जी ने बखूबी बताया है।

बरवै-रामायण

बरवै रामायण कुल 69 छंदो का संग्रह है लेकिन इसमें मानस की तरह सात सोपान हैं, जिसमें रामचरित का गुणगान किया गया है। गोस्वामी जी के

परम मित्र रहीम ने बरवै छन्द की उत्पति की थी और मित्र भाव को व्यक्त करने के लिए तुलसीदास ने बरवै रामायण की रचना की थी।

हनुमान बाहुक

वृद्धावस्था में तुलसी अपनी बांहों की पीड़ा से दुःखी हो गए, तब हनुमान बाहुक लिखकर हनुमान जी से निवेदन किया है–संकट मोचन, मेरी यह असहनीय पीड़ा हर लो और संकटमोचन हनुमान ने सचमुच ही उनकी पीड़ा सदा के लिए दूर कर दी थी।

साहित्यिक विशेषताएं

तुलसी साहित्य पूरे संसार का गौरव है। गोस्वामी जी ने अपने काव्यों मं सामाजिक, पारिवारिक, दार्शनिक तथा निजी जीवन के आदर्शों को इतने सुव्यवस्थित ढंग से संजोया है कि विदेशी साहित्यकार व विचारक भी उन्हें 'महालोकनायक' कबूल करने को मजबूर हो गए हैं।

लोक मंगलमयी और लोक संग्रहकारी प्रवृत्ति सिर्फ गोस्वामीजी द्वारा प्रतिपादित भक्ति–भावना में ही दृष्टिगोचर होती है। तुलसीदास द्वारा रचित काव्यों को कम पढ़ा–लिखा और बहुत पढ़ा–लिखा, दोनों ही समानरूप से पढ़ते हैं। उन्हें लोकनायक व राष्ट्रकवि का स्थान यूं ही नहीं मिला हुआ है। 'रामचरित मानस' ने तो संपूण्र हिन्दू जाति और भारतीय समाज को राममय बना दिया है। तुलसीदास में समन्वय की भावना थी। सगुण तथा निर्गुण का समन्वय करके उन्होंने सगुण–निर्गुण के झगड़े को कम करने हेतु काफी प्रयास किया। राम के शील, शक्ति और सौंदर्य के समन्वित स्वरूप को चित्रित कर गोस्वामी ने भारतीय समाज व साहित्य दोनों को ही एक सबल सोच दी है। तुलसीदास ने राम को अपना एक मात्र आराध्य मानकर लिखा है–

'एक भरोसो एक बल, एक आस, बिस्वास।
एक राम घनश्याम हित चातक तुलसीदास।।

कलापक्ष

तुलसीदास एक स्वाभाविक कवि हैं। हिन्दी में प्रचलित सभी काव्य शैलियों का उन्होंने बड़ी सफलता से इस्तेमाल किया है। प्रबंध काव्यशैली, मुक्तक काव्य–शैली सभी में अपनी बहुमुखी प्रतिभा का बड़ी कुशलता से

परिचय दिया है। उनका 'रामचरित मानस' सर्वोच्च प्रबंध महाकाव्य है। कवितावली, जानकी मंगल, पार्वती मंगल आदि में भी उनकी प्रबंध शैली का कमाल देखने को मिलता है। मुक्तक काव्य-शैली का जीवंत उदाहरण 'विनय पत्रिका, दोहावली आदि हैं। 'विनय पत्रिका' जैसा मुक्तक पद शैली का काव्य तो आज तक लिखा ही नहीं गया। तुलसी-साहित्य में लगभग सभी छंद शैलियों का बहुलता से इस्तेमाल हुआ है। दोहा, चौपाई, सोरठा, बरवै, कवित्त, सवैया, छप्पय आदि शैलियां तुलसी-साहित्य में देखने को मिल जाती हैं।

अलंकार पक्ष

तुलसी-साहित्य में रूपक, अनुप्रास, उपमा, उत्प्रेक्षा, व्यतिरेक आदि अलंकारों का सुंदर ढंग से प्रयोग हुआ है। तुलसी-साहित्य में रसों की भी अधिकता है।

भक्ति, वीर, श्रृंगार, करुणा, वात्सल्य, वीभत्स, शांत, अद्‌भुत, भयानक, रौद्र, हास्य आदि सभी रस आपको 'रामचरित मानस' में ही देखने को मिल जाएंगे।

तुलसी-साहित्य की विशेषताओं का गहन अध्ययन करने के बाद यह कहा जा सकता है कि तुलसीदास हिन्दी के सूर्य हैं। राम को राम बनाने वाले तुलसीदास, राम से कम लोकप्रिय नहीं हैं। जहां राम हैं, वहां तुलसीदास भी हैं। तुलसी-साहित्य को पढ़े बिना राम को जाना ही नहीं जा सकता है और हिंदी-साहित्य को भी ....।

भाषा : तुलसीदास अवधी और ब्रज दोनों ही भाषाओं के ज्ञाता थे। उन्हें संस्कृत का भी अच्छा ज्ञान था। 'रामचरित मानस' जहां अवधी भाषा में है, वहीं कवितावली, विनय पत्रिका, गीतावली आदि काव्य ब्रज भाषा में हैं। तुलसी महान हैं और उनका साहित्य महान है।

विषय सूची

तुलसीदास दोहावली

राम बाम दिसि जानकी लखन दाहिनी ओर।
ध्यान सकल कल्यानमय सुरतरू तुलसी तोर।।

प्रभु श्री राम की बायीं तरफ जानकी यानी सीता जी हैं और लक्ष्मण जी दायीं तरफ हैं। इस छवि को चित्त में बसाकर ध्यान करना, किसी भी तरह से कल्याणमय है। हे तुलसी! तेरे लिए तो यह छवि कल्पतरू की तरह सारे मनोरथ पूर्ण करने वाली है।

सीता लखन समेत प्रभु सोहत तुलसीदास।
हरषत सुर बरषत सुमन सगुन सुमंगल बास।।

सीता जी और लक्ष्मण जी के साथ प्रभु श्री रामचन्द्र सुशोभित हो रहे हैं। देवगण प्रसन्न होकर फूलों की वर्षा कर रहे हैं। प्रभु श्रीराम का यह सगुण रूप सुमंगल का धाम है।

पंचवटी बट बिटप तर सीता लखन समेत।
सोहत तुलसीदास प्रभु सकल सुमंगल देत।।

पंचवटी में बरगद के पेड़ के नीचे श्रीराम, सीताजी तथा लक्ष्मणजी के साथ विराजमान हैं। तुलसीदास कहते हैं कि प्रभु श्रीराम की यह छवि सारे सुखों और सुमंगलों का कारण है।

चित्रकूट सब दिन बसत प्रभु सिय लखन समेत।
राम नाम जप जापकहि तुलसी अभिमत देत।।

प्रभु श्रीराम, सीताजी और लक्ष्मणजी के साथ सदा चित्रकूट में ही रहते हैं। वे राम-नाम की महिमा का गुणगान करने वालों के सारे मनोरथपूर्ण कर देते हैं।

पय आहार फल खाइ जपु राम नाम षट मास।
सकल सुमंगल सिद्धि सब करतल तुलसीदास।।

सिर्फ दूध पीकर या फलाहार लेकर छः माह तक भगवान राम के नाम का सुमिरन करो, मंगल-ही-मंगल होगा और सारी सिद्धियां प्राप्त हो जाएंगी।

राम नाम मनिदीप धरु जीह देहरीं द्वार।
तुलसी भीतर बाहेरहुँ जौं चाहसि उजिआर॥

तुम स्वयं के अंदर और बाहर प्रकाश-ही-प्रकाश चाहते हो तो अपने मुख रूपी द्वार की जीभरूपी दहलीज पर रामनाम रूपी मणिदीप रख दो अर्थात् प्रभु श्रीराम का आठों प्रहर नाम लो। तुम्हारा कल्याण ही कल्याण होगा।

हियँ निर्गुन नयनन्हि सगुन रसना राम सुनाम।
मनहुँ पुरट संपुट लसत तुलसी ललित ललाम॥

हृदय में निर्गुण ब्रह्म को बसाओ, आंखों के सामने सगुण ब्रह्म की छवि रखो और जीभ से राम का सुंदर नाम जपो। यह विधि ऐसी है जैसे सोने की खूबसूरत डिब्बी में सुन्दर व बेशकीमती रत्न सुरक्षित रखा हो। ऐसा करके मनुष्य का जीवन धन्य हो जाता है।

सगुन ध्यान रुचि सरस नहिं निर्गुन मन ते दूरि।
तुलसी सुमिरहु रामको नाम सजीवन मूरि॥

प्रभु के सगुण रूप के प्रति निष्ठा नहीं है और निर्गुण स्वरूप मन से दूर है यानी उसका ज्ञान नहीं है, फिर ऐसी स्थिति में यही अच्छा है कि राम-नाम की संजीवनी बूटी का सदा ही सुमिरन करो। राम का नाम लेने से ही तुम्हारा कल्याण हो जाएगा।

एकु छत्रु एकु मुकुटमनि सब बरननि पर जोउ।
तुलसी रघुबर नाम के बरन बिराजत दोउ॥

श्रीराम के दो अक्षरों वाले नाम में 'र' सभी के माथे पर विराजता है और 'म' सबके सिर पर मुकुट मणि की तरह सुशोभित होता है। राम की महिमा अपरम्पार है।

नाम राम अंक है सब साधन हैं सून।
अंक गएँ कछु हाथ नहिं अंक रहें दस गून॥

श्रीराम का नाम ही अंक है और जितने भी साधन हैं, वे शून्य हैं। अंक के चले जाने पर हाथ में कुछ भी नहीं रह जाता है, पर शून्य के साथ अंक के जुड़ जाने पर दस गुना वृद्धि हो जाती है अर्थात् राम-नाम रूपी अंक को हाथ से जाने न दो। यह गया तो हाथ में शून्य ही रह जाएगा।

नामु राम को कलपतरू कलि कल्यान निवासु॥
जो सुमिरत भयो भाँग तें तुलसी तुलसीदासु॥

इस कलियुग में श्रीराम का नाम कल्पतरू के समान सारे मनोरथ पूर्ण करने वाला है। राम का नाम ही सुमंगल और मुक्ति का निवास स्थान है, जिसका नाम लेकर तुलसीदास भांग से तुलसी के समान पावन हो गया।

राम नाम जपि जीहँ जन भए सुकृत सुखसालि।
तुलसी इहाँ जो आलसी गयो आजु की कालि॥

न जाने कितने ही इस जीभ से राम का नाम लेकर यशस्वी, परम सुखी और धर्मात्मा हो गए, पर राम का नाम लेने में जिसने भी आनाकानी की, आलस्य किया वे तो समझो आज या कल काल के मुंह में समा ही जाने वाले हैं।

नाम गरीबनिवाज को राज देत जन जानि।
तुलसी मन परिहरत नहिं घुर बिनिआ की बानि॥

गरीबों के स्वामी व दीन-बंधु राम का नाम इतना परम कल्याणकारी है जो सुमिरन करने वाले को प्रभु श्रीराम का अपना समझकर सबकुछ दे देता है, पर यह मन इतना ओछा और कपटी है कि घूरे पर पड़े दाने को उठाने से बाज ही नहीं आता अर्थात् राम जी को अपना कभी मन से स्वीकार ही कर नहीं पाता।

कासीं बिधि बसि तनु तजें हठि तनु तजें प्रयाग।
तुलसी जो फल सो सुलभ राम नाम अनुराग॥

काशी में रहते हुए प्राण त्यागने पर और प्रयाग में हठपूर्वक शरीर का त्याग करने पर जो फल मिलते हैं, राम-नाम का प्रेमपूर्वक सुमिरन करने से वे फल आसानी से ही मिल जाते हैं। राम के नाम में सभी तीर्थों से बढ़कर शक्ति है।

मीठो अरू कठवति भरो रौंताई अरू छेम।
स्वारथ परमारथ सुलभ राम नाम के प्रेम॥

मीठी चीज कितनी भी मीठी हो और कठौती भरकर मिले, राजा की कृपा भी प्राप्त हो, कुशल क्षेम भी हो, स्वार्थ-परमार्थ भी सिद्ध हो-जबकि ये सब जीवन में एक साथ मिलना असंभव है लेकिन यदि श्री राम का नाम हृदय में बसा कर प्रेमपूर्वक लिया जाए तो इन सारी बातों को एक साथ प्राप्त किया जा सकता है। राम के नाम में अपार शक्ति है।

राम नाम सुमिरत सुजस भाजन भए कुजाति।
कुतरूक सुरपुर राजमग लहत भुवन बिख्याति॥

राम का नाम लेने से नीच प्रकृति और नीचे वर्ण वाले भी यशस्वी व सुपात्र बन जाते हैं। स्वर्ग के राजमार्ग और गंगाजी के तट पर खड़े फलहीन पेड़ भी संसार में प्रसिद्धि पा जाते हैं।

स्वारथ सुख सपनेहुँ अगम परमारथ न प्रबेस।
राम नाम सुमिरत मिटहिं तुलसी कठिन कलेस॥

जिन व्यक्तियों को स्वप्न में भी सुख की प्राप्ति नहीं होती है और परमार्थ जो कर नहीं पाते हैं, वे राम का नाम जप कर अपने सारे कभी न मिटने वाले क्लेश का नाश कर देते हैं अर्थात् स्वार्थ–परमार्थ दोनों ही फल उन्हें प्राप्त हो जाते हैं।

मोर मोर कहँ कहसि तू को कहु निज नाम।
कै चुप साधहि सुनि समुझि कै तुलसी जपु राम॥

तुम सभी को मेरा–मेरा कहते हो, पर तुम अपना नाम तो बताओ। तुम कौन हो यह तो जरा बताओ। या तो तुम मौन धारण कर स्वयं की सुनो और स्वयं को पहचानो या भगवान राम के नाम का स्मरण करो।

हम लखि लखहि हमार लखि हम हमार के बीच।
तुलसी अलखहि का लखहि राम नाम जप नीच॥

पहले अपने आत्मरूप को पहचानो फिर अपने ब्रह्म–स्वरूप को महसूस करो। इसके बाद अपने और ईश्वर के मध्य में भ्रमण करने वाली माया की पहचान करो। अरे नीच! तुम उस अलख ईश्वर को नहीं समझ सकते। तुम्हारे लिए केवल राम का नाम लेना ही काफी है।

राम नाम अवलंब बिनु परमारथ की आस।
बरषत बारिद बूँद गहि चाहत चढ़न अकास॥

जो लोग राम के नाम का अवलंब लिए बिना ही परमार्थ की उम्मीद करते हैं, वे तो मानो बरसते हुए बादलों की बूंदों को थामकर आकाश में जाना चाहते हैं यानी यह सम्भव है ही नहीं। राम की कृपा के बिना परमार्थ की बात सोचना ही व्यर्थ है।

तुलसी हठि हठि कहत नित चित सुनि हित करि मानि।
लाभ राम सुमिरन बड़ो बड़ी बिसारें हानि॥

तुलसीदास सदा ही अपने मन से हठपूर्वक कहते हैं कि हे मन! तुझसे मैं जो कहता हूं उसे कल्याणकारी समझ। राम का नाम लेने में बहुत लाभ है और राम का नाम भुलाने में बहुत बड़ी हानि है।

बिगरी जनम अनेक की सुधरै अबहीं आजु।
होहि राम को नाम जपु तुलसी तजि कुसमाजु॥

हे प्राणी! कुसमाजु यानी बुरी संगति को छोड़कर तू राम का हो जा और

उनका ही नाम लिया कर, इसी में तेरी भलाई है। अनेक जन्मों की तेरी बिगड़ी हुई बात आज और अभी बन सकती है।

प्रीति प्रतीति सुरीति सों राम नाम जपु राम।
तुलसी तेरो है भलो आदि मध्य परिनाम।।

हे प्राणी! तुम प्रीति, विश्वास और सुंदर रीति से राम का नाम लिया करो। तुलसीदास कहते हैं कि तुम्हारा आदि, मध्य और अंत तीनों ही समयों में भला होने वाला है।

दंपति रस रसना दसन परिजन बदन सुगेह।
तुलसी हर हित बरन सिसु संपति सहज सनेह।।

रस और रसना यानी जीभ दोनों पति-पत्नी के समान हैं दांत परिजन हैं, मुंह सुंदर घर है, महादेव के प्यारे श्रीराम 'रा' व 'म' ये दोनों अक्षर दो सुन्दर शीशु हैं तथा जो यह सहज स्नेह है, वह संपत्ति है अर्थात् मोक्ष की कामना करने वालों का जीवन ऐसा ही धन-धान्य पूर्ण होना चाहिए।

बरषा रितु रघुपति भगति तुलसी सालि सुदास।
रामनाम बर बरन जुग सावन भादव मास।।

रघुपति अर्थात् श्री राम की पावन भक्ति वर्षा ऋतु है और सुसेवक धान हैं और 'रा' व 'म' ये दो अक्षर सावन व भादों के मास हैं अर्थात् वर्षा ऋतु में जैसे धान आदि की फसलें हरी भरी हो जाती हैं, वैसे ही राम की भक्ति से भक्तों का जीवन हरा-भरा हो जाता है।

राम नाम नर केसरी कनक कसिपु कलिकाल।
जापक प्रहलाद जिमि पालिहि दलि सुरसाल।।

श्रीराम का नाम नृसिंह भगवान है और जो यह कलिकाल है, वह हिरण्यकश्यप है। जो ये राम के भक्त हैं वे प्रहलाद हैं, जो देवगणों यानी भक्तों को सताने वाले हिरण्यकश्यप यानी कलिकाल का वध कर उनकी रक्षा करेंगे।

राम नाम कलि कामतरू राम भगति सुरधेनु।
· सकल सुमंगल मूल जग गुरूपद पंकज रेनु।।

इस कलिकाल में राम का नाम कल्पवृक्ष के समान इच्छित फल देने वाला है। राम-भक्ति सारे मनोरथ को पूर्ण करने वाली सुरधेनु यानी कामधेनु है और गुरु चरण की धूल संसार में हर प्रकार के सुमंगल का स्रोत है यानी सद्गुरु की कृपा में ही दुनिया के सारे सुख निहित हैं।

राम नाम कलि कामतरू सकल सुमंगल कंद।
सुमिरत करतल सिद्धि सब पग पग परमानंद॥

कलिकाल में कल्पवृक्ष के समान श्री राम का नाम फलदायक है और सारे सुमंगलों का मूल तत्व है। राम का नाम श्रद्धापूर्वक लेने से सहज रूप में ही सारी सिद्धियां मिल जाती है मानो हथेली पर सब कुछ रखा हो और पग-पग पर सहजता से ही प्राप्त होता जा रहा हो।

जथा भूमि सब बीजमय नखत निवास अकास।
राम नाम सब धरममय जानत तुलसीदास॥

जैसे पूरी पृथ्वी बीजमय है, सारा आसमान नक्षत्रों का घर है; वैसे ही तुलसीदास राम के नाम को सर्वधर्ममय समझते हैं। उन्हें इसमें कोई शक नहीं है।

सकल कामना हीन जे राम भगति रस लीन।
नाम सुप्रेम पियूष ह्रद तिन्हहुँ किए मन मीन॥

जो कामनाओं से परे हैं और राम के भक्ति-रस में कंठ तक डूब हुए हैं, उन त्यागी जनों ने भी राम के नाम रूपी अमृत-सरोवर में अपने चित्त को मछली बनाकर छोड़ दिया है अर्थात् राम के नाम में इतना रस है कि वे एक पल के लिए भी उसके स्वाद से वंचित रहना नहीं चाहते हैं।

ब्रह्म राम तें नामु बड़ बर दायक बर दानि।
राम चरित सत कोटि महँ लिय महेस जिय जानि॥

निर्गुण ब्रह्म और सगुण राम से भी बड़ा, राम का नाम है। वह वरदाता देवगणों को भी राम-नाम वर देने वाला है। भोलेनाथ को इस रहस्य का ज्ञान है और यह जान-समझकर ही रामचरित के सौ करोड़ श्लोकों में से केवल राम के नाम को ही आत्मसात किया।

सबरी गीध सुसेवकनि सुगति दीन्हि रघुनाथ।
नाम उधारे अमित खल बेद बिदिन गुन गाथ॥

प्रभु श्रीराम ने तो शबरी, गीधराज जटायु आदि अपने सेवकजनों का ही उद्धार किया, परन्तु राम के नाम ने तो अनगिनत दुष्टों और पातकियों को तार दिया। वेदों में राम के नाम की ही महिमा है व इसी का गुणगान है। राम से राम का नाम श्रेष्ठ है। राम का नाम स्मरण करो, इसी में तुम्हारी भलाई है।

राम नाम पर नाम तें प्रीति प्रतीति भरोस।
सो तुलसी सुमिरत सकल सगुन सुमंगल कोस॥

जिसका राम के नाम पर विश्वास है, राम के नाम से प्रेम है, वह राम का नाम सच्चे मन से लेते हुए सुमंगलों की निधि बन जाता है।

लंक विभीषन राज कपि पति मारुति खग मीच।
लही राम सों नाम रति चाहत तुलसी नीच॥

श्रीराम की कृपा से ही विभीषण को लंका मिली, सुग्रीव को राज्य मिला, हनुमानजी श्रेष्ठ सेवक बने और पक्षी राज जटायु को मोक्ष मिला लेकिन तुलसीदास तो उन श्रीराम से बस थोड़ा-सा स्नेह चाहता है।

हरन अमंगल अघ अखिल करन सकल कल्यान।
रामनाम नित कहत हर गावत बेद पुरान॥

राम का नाम अमंगल हारी है, पापों का नाश करने वाला है तथा मंगल. ही मंगल करने वाला है, तभी शिव शंकर हमेशा राम नाम का स्मरण करते रहते हैं और वेद-पुराण भी राम के नाम का गुणगान करते रहते हैं।

तुलसी प्रीति प्रतीति सों राम नाम जप जाग।
किएँ होइ बिधि दाहिनों देइ अभागेहि भाग॥

प्रेम और विश्वास के साथ राम-नाम का जप रूपी यज्ञ करने से ब्रह्मा भी प्रसन्न हो जाते हैं और भाग्यहीन भी भाग्यवान हो जाता है।

जल थल नभ गति अमित अति अग जग जीव अनेक।
तुलसी तो से दीन कहँ राम नाम गति एक॥

इस संसार में अनेक प्रकार के असंख्य जीव हैं। जलचर की जल में गति है, नभचर की नभ में गति है और थलचर की पृथ्वी पर गति है लेकिन तुलसीदास जैसे दीन के लिए तो राम का नाम ही गति का साधन है।

राम भरोसो राम बल राम नाम बिस्वास।
सुमिरत शुभ मंगल कुसल मांगत तुलसीदास॥

मेरा तो राम पर ही भरोसा, राम ही का सहारा और राम के नाम पर ही विश्वास रहे। जिसके नाम को लेने मात्र से ही मंगल और कुशल की वर्षा होती है, मेरा तो उस राम के नाम पर ही भरोसा है।

राम नाम रति राम गति राम नाम बिस्वास।
सुमिरत शुभ मंगल कुसल दुहूं दिसी तुलसीदास॥

राम के नाम से जिसको प्रेम है, राम ही एकमात्र आधार है और राम के नाम पर ही जिसका विश्वास है, उसके लिए राम-नाम का जप करना ही मंगल-दायक है।

रसना साँपिनि बदन बिल जे न जपहिं हरिनाम॥
तुलसी प्रेम न राम सों ताहि बिधाता बाम॥

जो हरि का नाम नहीं लेते, उनकी जीभ सांपिनी के समान है और मुंह उसका बिल है। तुलसीदास कहते हैं कि जो राम के नाम से प्रेम नहीं करते, उन पर विधाता कभी भी प्रसन्न नहीं रहते अर्थात् वे लोग भाग्यवान होकर भी भाग्यहीन ही हैं।

हिय फाटहुँ फूटहुँ नयन जरउ सो तन केहि काम।
द्रवहिं स्त्रवहिं पुलकइ नहीं तुलसी सुमिरत राम॥

भगवान राम का नाम लेते समय जो हृदय स्नेह से पिघलते नहीं, वे हृदय फट जाएं। वे आंखें फूट जाएं, जिनसे आंसू नहीं निकलते और जिस शरीर में कोई हरकत नहीं होती, वह जल जाए अर्थात् इन सब अंगों का क्या काम जब इनको राम से प्रेम ही नहीं है।

रामहि सुमिरत रन भिरत देत परत गुरू पायँ
तुलसी जिन्हहि न पुलक तनु ते जग जीवत जायँ॥

श्रीराम का नाम लेते समय, युद्ध के मैदान में युद्ध करते समय, दान करते समय तथा गुरु को प्रणाम करते समय, जिनके शरीर में खुशी व उत्साह के साथ रोमांच नहीं होता, उनका जीना बेकार है।

हृदय सो कुलिस समान जो न द्रवइ हरिगुन सुनत।
कर न राम गुनगान जीह सो दादुर जीह सम॥

वह हृदय वज्र की तरह सख्त है, जो हरि गुण को सुनकर पसीजता नहीं है और जो जीभ राम का गुणगान नहीं करती, वह मेंढक की जीभ के समान यूं ही टरटराने वाली ही है।

स्त्रवै न सलिल सनेहु तुलसी सुनि रघुबीर जस।
ते नयना जनि देहु राम करहु बरु आँधरो॥

भगवान राम मुझको अंधा बना दें यह मुझे मंजूर है लेकिन ऐसे नयन मुझे नहीं चाहिएं, जिनसे रघुपति का यशगान सुनने पर स्नेह के आंसू झरने न लगें।

रहैं न जल भरि पूरि राम सुजस सुनि रावरो।
तिन आँखिन न धूरि भरि भरि मूठी मेलिए॥

हे भगवान राम ! आपका सुंदर यश सुनकर जिन आंखों में स्नेहासिक्त आंसू न आ जाएं, उन आंखों में तो मुट्ठी भरकर धूल डालनी चाहिए अर्थात् ऐसी पथरीली आंखों का क्या काम, जिनमें कभी स्नेह के आंसू आते ही नहीं।

बारक सुमिरत तोहि होहि तिन्हहि सम्मुख सुखद।
क्यों न सँभारहि मोहि दया सिंधु दसरथ के॥

हे दयासिंधु राम! जो मन, वचन, कर्म से एक बार भी तुम्हारा ध्यान लगाते हैं, तुम उनके सामने आकर उन्हें अपार सुख देते हो लेकिन इस तुलसीदास की खोज खबर लेने में तुम क्यों चूक जाते हो?

साहिब होत सरोष सेवक को अपराध सुनि।
अपने देखे दोष सपनेहु राम न उर धरे॥

सेवक का अपराध सुनते ही मालिक तो क्रोधित हो जाते हैं लेकिन प्रभु राम तो ऐसे हैं कि सेवक के अपराधों को देखकर भी अनदेखा कर देते हैं। कभी उन पर ध्यान नहीं देते हैं और न ही उनका अपराध ही याद रहता है।

तुलसी रामहि आपु तें सेवक की रुचि मीठि।
सीतापति से साहिबहि कैसे दीजै पीठि॥

भगवान राम को अपनी पसंद से अधिक अपने भक्त की पसंद मीठी लगती है। भला ऐसे सीता पति राम के समान स्वामी से क्यों व्यर्थ में ही मुँह मोड़ा जाए।

तुलसी जाके होयगी अंतर बाहिर दीठि।
सो कि कृपालुहि देइगो केवटपालहि पीठि॥

जिसके पास अंदर-बाहर की चीजों को देखने की दिव्य दृष्टि होगी, वह केवट की इच्छा का ध्यान रखने वाले दयानिधि श्रीराम की ओर से भला किसलिए मुँह मोड़ेगा।

प्रभु तरू तर कपि डार पर ते किए आपु समान।
तुलसी कहुँ न राम से साहिब सील निधान॥

भगवान राम तो पेड़ के नीचे रहते थे और वानर सेवक होने पर भी पेड़ की शाखाओं पर बैठते-सोते थे, फिर भी श्रीराम ने उनकी इस धृष्टता पर कोई ध्यान नहीं दिया और उनको स्वयं जैसा ही श्रेष्ठ मान लिया। राम के समान शीलवान व क्षमावान स्वामी तीनों लोकों में कहीं नहीं है।

रे मन सब सों निरस ह्वै सरस राम सों होहि।
भलो सिखावन देत है निसि दिन तुलसी तोहि॥

हे मन! इस संसार में सब कुछ नीरस है, सरस राम ही है। तू उनका ही होकर रह। यह तुलसीदास तुझको रात-दिन बस एक यही सद्शिक्षा देता है।

हरे चरहिं तापहिं बरे फरें पसारहिं हाथ।
तुलसी स्वारथ मीत सब परमारथ रघुनाथ॥

हरे पेड़ को पशु-पक्षी चरते रहते हैं। उनके सूख जाने पर जलाकर लोग शरीर को गर्मी देते हैं और फल लगने पर फल पाने के लिए लोग दोनों हाथ भिक्षुक की तरह फैलाने लगते हैं। इस संसार में सब मतलब के लिए दोस्त हैं। परमार्थ के मित्र तो श्रीराम ही हैं। वे निःस्वार्थ प्रेम करते हैं।

स्वारथ सीता राम सों परमारथ सिय राम।
तुलसी तेरो दूसरे द्वार कहा कहु काम॥

सीता-राम ही सारे मनोरथ पूर्ण कर देंगे तथा तेरे परमार्थ सीता-राम ही हैं, फिर हे मन! तू बतला, अब दर-दर भटकने की तुझे जरूरत ही क्या है।

स्वारथ परमारथ सकल सुलभ एक ही ओर।
द्वार दूसरे दीनता उचित न तुलसी तोर॥

रामजी ही जब स्वार्थ व परमार्थ तेरे लिए सुलभ कर देने वाले हैं, तब हे मन! दूसरों के दरवाजे पर हाथ पसारना ठीक नहीं है।

तुलसी स्वारथ राम हित परमारथ रघुबीर।
सेवक जाके लखन से पवनपूत रनधीर॥

तुलसीदास कहते हैं कि मेरा तो स्वार्थ राम जी के हित के लिए है और परमार्थ भी वे स्वयं ही हैं, जिनके सेवक लक्ष्मण, हनुमान जैसे बलवान और बुद्धिमान हैं।

ज्यों जग बैरी मीन को आपु सहित बिनु बारि।
त्यों तुलसी रघुबीर बिनु गति आपनी बिचारि॥

केवल जल ही मछली का मित्र है, बाकी सब दुश्मन हैं। मछली स्वयं खुद की दुश्मन है, लोभवश कांटे में स्वयं को फंसा लेती है, वैसे ही राम जी की कृपा के बिना स्वयं की भी दशा यही है। मनुष्य का अपना ही मन दुश्मन बनकर विषय वासनाओं में उसे उलझा देता है।

राम प्रेम बिनु दूबरो राम प्रेमहीं पीन।
रघुबर कबहुँक करहुगे तुलसिहि ज्यों जल मीन॥

जैसे मछली जल के स्पर्श मात्र से जिंदा रहती है और जल का साथ छूटते

ही मर जाती है, वैसे ही हे दयानिधि राम! आप इस तुलसी को कब ऐसा सौभाग्य प्रदान करेंगे कि वह आपके ही प्रेम में दुबला हो जाए और आपके ही प्रेम में बलवान हो जाए।

राम सनेही राम गति राम चरण रति जाहि।
तुलसी फल जग जनम को दियो बिधाता ताहि॥

जो राम से ही प्रेम करता है, राम ही जिसका ठौर-ठिकाना हैं और राम के चरण कमलों में जिसका ध्यान प्रेमपूर्वक रमा हुआ है, सिर्फ उस को ही इस संसार में जन्म लेने का उचित फल मिला हुआ है, शेष लोगों का जन्म व्यर्थ है।

आपु आपने तें अधिक जेहि प्रिय सीताराम।
तेहि के पग की पानहीं तुलसी तनु को चाम॥

जो व्यक्ति स्वयं से और संसार की समस्त चीजों से भी अधिक सीता-राम से लगाव रखता है या वे ही उसके लिए सबसे अधिक प्रिय हैं। तुलसीदास के तन का चमड़ा ऐसे राम भक्तजनों के जूतों में प्रयोग हो तो यह उसका सौभाग्य होगा।

स्वारथ परमारथ रहित सीता राम सनेहँ।
तुलसी सो फल चारि को फल हमार मत एहँ॥

स्वार्थ और परमार्थ की कामना से रहित जो व्यक्ति सीता-राम से अटूट प्रेम करते हैं तथा उनके प्रति उनकी आस्था और निष्ठा निःस्वार्थ है, वह चारों फलों- अर्थ, धर्म, काम, मोक्ष से भी बड़ा फल है, तुलसीदास का ऐसा मानना है।

जे जन रूखे बिषय रस चिकने राम सनेहँ।
तुनसी ते प्रिय राम को कानन बसहिं कि गेहँ॥

जो मनुष्य दुखों को उत्पन्न करने वाले विषय-रस से विमुख हैं और सुखदायक राम के स्नेह के ग्राहक हैं, उनसे ही रामजी प्रेम करते हैं, वे चाहे गृहस्थ हों या संन्यासी, उससे कोई फर्क नहीं पड़ता।

जथा लाभ संतोष सुख रघुबर चरन सनेह।
तुलसी जो मन खूंद सम कानन बसहुं कि गेह॥

जो थोड़े में ही संतुष्ट और प्रसन्न हैं और जिन के हृदय में श्रीराम के चरण कमलों का अपार स्नेह भरा पड़ा है, जिनका मन ऐसा अनुरागी बन गया है, वे जंगल में जाकर संन्यासी रूप धारण कर रहें या घर में गृहस्थ

बनकर रहें, प्रभु श्रीराम के लिए दोनों में कोई अंतर नहीं है अर्थात् श्रीराम को तो बस प्रेम चाहिए।

तुलसी जौं पै राम सों नाहिन सहज सनेह।
मूँड़ मुड़ायों बादिहीं भाँड़ भयो तजि गेह॥

जो लोग रामजी से सच्चे हृदय से प्रेम नहीं करते हैं, वे झूठे ही सिर मुड़वा कर साधु रूप में घर-बार छोड़कर भांड बने वैराग्य का ढोंग रचे फिरते हैं। इसका उन्हें कोई लाभ नहीं मिलता है।

तुलसी श्रीरघुबीर तजि करै भरोसो और।
सुख संपति की का चली नरकहुँ नाहीं ठौर॥

जो व्यक्ति रामजी से विमुख होकर अन्य किसी पर विश्वास करता है, सुख-संपति की कौन बात करे, उसे नरक में भी कहीं स्थान नहीं मिलता है। राम द्रोही के भाग्य में सुख होता ही नहीं है।

तुलसी परिहरि हरि हरहि पाँवर पूजहिं भूत।
अंत फजीहत होहिंगे गनिका के से पूत॥

श्रीहरि, विष्णु और महादेव जी को न पूजकर जो व्यक्ति भूत-पिशाचों को पूजते हैं, गणिका के पुत्रों की तरह अंत में उनकी बड़ी फजीहत होती है।

सेये सीता राम नहिं भजे न संकर गौरि।
ज़नम गँवायों बादिहीं परत पराई पौरि॥

जिन्होंने सीता-राम की भक्ति न की और गौरी शंकर का ध्यान न धरा, उन्होंने किसी दूसरे द्वार पर माथा टेककर इस जन्म को यूं ही गंवा दिया।

तुलसी हरि अपमान तें होइ अकाज समाज।
राज करत रज मिलि गए सदल सकुल कुरूराज॥

श्रीहरि यानी भगवान विष्णु का जो लोग अपमान करते हैं, उनका जीवन में लाभ नहीं, नुकसान-ही-नुकसान होता है। कौरवों की सभा में दूत बनकर गए श्रीकृष्ण का अपमान हुआ तो क्या हुआ, इतने बड़े सम्राज्य के कुरूराज दुर्योधन का सेना व परिजनों सहित सर्वनाश भी तो हो गया। वे सब धूल में मिल गए।

तुलसी रामहि परिहरें निपट हानि सुन ओझ।
सुरसरि गत सोई सलिल सुरा सरिस गंगोझ॥

हे ज्ञानियों सुनो! रामजी से विमुख होने पर बहुत हानि होती है, जैसे गंगाजी से अलग हुआ जल शराब के समान हो जाता है, वैसे ही रामजी को

भुलाकर या उनसे अलग होकर विषय-वासनाओं पर आसक्त ईश्वर का अंश जीव अधम बन जाता है। उसकी पवित्रता नष्ट हो जाती है।

राम दूरि माया बढ़ति घटति जानि मन माँह।
भूरि होति रबि दूरि लखि सिर पर पगतर छांह॥

सूर्य को दूर देखकर परछाईं बड़ी हो जाती है और जब सूर्य सिर पर आ जाता है तब परछाईं पांवों के नीचे आ जाती है, यही स्थिति रामजी से दूर होने पर होती है। रामजी दूर होते हैं तब माया बढ़ जाती है और जब रामजी से प्रेम हो जाता है तब माया प्रभावहीन हो जाती है अर्थात् एकदम घट जाती है।

साहिब सीतानाथ सों जब घटिहै अनुराग।
तुलसी तबहीं भालतें भभरि भागिहैं भाग॥

जब सीतानाथ प्रभु राम से अनुराग कम हो जाता है तब सौभाग्य क्षीण होकर बिलबिला कर ललाट से भाग जाता है अर्थात् आदमी दर-दर का भिखारी हो जाता है।

करिहौ कोसलनाथ तजि जबहिं दूसरी आस।
जहाँ तहाँ दुख पाइहौ तबहीं तुलसीदास॥

अयोध्यापति प्रभु राम से विमुख होकर जब भी किसी अन्य से आशा करोगे तब जब-तब कष्ट ही पाओगे।

बिंधि न ईंधन पाइए सागर जुरै न नीर।
परै उपास कुबेर घर जो बिपच्छ रघुबीर॥

भगवान राम जब विपरीत हो जाए तो विंध्याचल में भी जलाने के लिए लकड़ियाँ नहीं मिलतीं, सागर का जल भी कम पड़ जाता है और कुबेर के समान धनाढ्य के घर में भी दो जून का खाना नहीं होता।

बरसा को गोबर भयो को चहै को करै प्रीति।
तुलसी तू अनुभवहि अब राम बिमुख की रीति॥

हे मनुष्य! तुम भगवान राम की कृपा से वंचित व्यक्ति की दशा का अनुभव तो करो, वह वर्षाऋतु का गोबर हो जाता है, जिससे न तो घर-आँगन लीपा जा सकता है और न उपले ही पाथे जा सकते हैं यानी वह किसी काम लायक नहीं रह जाता है। उसे कोई नहीं चाहता और न ही प्रेम करता।

सबहि समरथहि सुखद प्रिय अच्छम प्रिय हितकारि।
कबहुँ न काहुहि राम प्रिय तुलसी कहा बिचारि॥

तुलसीदास कहते हैं कि समर्थवान पुरुष सबको सुखदायक और प्रिय

लगता है लेकिन प्रभुराम, जो सबसे अधिक समर्थवान हैं, कभी भी किसी को प्रिय नहीं लगते हैं। संसार की यही रीति है।

तुलसी उद्यम करम जुग जब जेहि राम सुडीठि।
होइ सुफल सोइ ताहि सब सनमुख प्रभु तन पीठि॥

जिस पर राम की कृपा दृष्टि होती है उसके परिश्रम और कर्म दोनों ही फलित होते हैं और वह विषय-वासनाओं का त्याग कर प्रभु राम में लवलीन हो जाता है अर्थात् राम की कृपा दृष्टि हो जाने पर मनुष्य जो भी कार्य करता है, उसमें उसे सफलता ही मिलती है।

राम कामतरू परिहरत सेवत कलि तरु ठूंठ।
स्वारथ परमारथ चहत सकल मनोरथ झूठ॥

जो व्यक्ति प्रभु राम रूपी कल्पवृक्ष से विमुख होकर ठूंठ वृक्ष रूपी कलियुग का गुणगान करता है अर्थात् पाप कर्म करता हुआ उससे स्वार्थ व मोक्ष की इच्छा रखता है, उसकी कामना कभी पूरी नहीं होती। उसे न तो मोक्ष मिलता है और न इच्छाएं ही पूरी होती हैं।

निज दूषन गुन के समुझें तुलसीदास।
होइ भलो कलिकाल हूँ उभय लोक अनयास॥

अपने अवगुणों और भगवान राम के गुणों को समझ लेने पर इस कलियुग में भी व्यक्ति का लोक-परलोक संवर जाता है और जीवन-मृत्यु के बंधनों से सहज ही मुक्त हो जाता है।

कै तोहि लागहिं राम प्रिय कै तू प्रभु प्रिय होहि।
दुइ में रूचै जो सुगम सो कीबे तुलसी तोहि॥

तुझे राम प्रिय लगें या तू प्रभुराम को प्रिय लगे-दोंनों में से तुझे जो आसान लगे, तुझे वही करना चाहिए यानी सब कुछ छोड़कर तू राम का हो जा या उन्हें अपना सब कुछ सौंपकर तू उनका प्रिय बन जा।

तुलसी दुइ महँ एक ही खेल छाँड़ि छल खेलु।
कै करू ममता राम सों कै ममता परहेलु॥

मुक्ति का तो मार्ग बस यही है कि छल, कपट, अविश्वास को छोड़कर तुम दोनों में से एक ही खेल खेलो, सिर्फ राम से ही प्रेम करो या ममता को हमेशा के लिए छोड़ दो। बस यही रास्ता है मुक्ति का, दूजा और कोई रास्ता नहीं है।

निगम अगम साहेब सुगम राम साँचिली चाह।
अंबु असन अवलोकिअत सुलभ सबै जग माँह॥

तुलसीदास कहते हैं कि जो प्रभु राम वेदों के लिए भी निगम-अगम हैं। वेद उनकी थाह नहीं लगा पाते हैं, वे ही वेद भगवान राम के प्रति सच्ची श्रद्धा से इतने आसान, सुलभ और सुगम हो जाते हैं जैसे जल और भोजन इस संसार में सबके लिए प्राप्त करना सुगम होता है।

सनमुख आवत पथिक ज्यों दिएँ दाहिनो बाम।
तैसोइ होत सु आप को त्यों ही तुलसी राम॥

सामने वाले राही को देखकर आप दाएं-बएं चलेंगे तो वह भी आपके दाएं-बाएं स्वतः ही हो जाएगा। इसी प्रकार प्रभु राम को आप भजेंगे तो वे भी अवश्य आप पर अपनी नजर रखेंगे। वे अपने भक्तों को कभी भूलते नहीं हैं।

राम प्रेम पथ पेखिऐ दिएँ बिषय तन पीठि।
तुलसी केंचुरि परिहरें होत साँपहू दीठि॥

जैसे विषय-वासनाओं की ओर से मुँह मोड़ने पर प्रभु राम के प्रेम का मार्ग नजर आने लगता है, वैसे ही सांप को केंचुली का त्याग करने पर दिखाई देने लगता है।

तुलसी जौ लौं विषय की मुधा माधुरी मीठि।
तौ लौं सहस्त्र सम राम भगति सुठि सीठि॥

जब तक विषय-वासनाओं की झूठी माधुरी मीठी लगती है तब तक हजार अमृत के समान जीवनदायिनी होने पर भी राम की मीठी भक्ति उसके सामने बेस्वाद ही लगती है, विषयों से मोह भंग होने पर ही राम-भक्ति की मिठास का पता चल पाता है।

जैसो तैसो रावरो केवल कोसलपाल।
तौ तुलसी को है भलो तिहूँ लोक तिहूँकाल॥

हे अयोध्या पति श्रीराम! तुलसी जैसा भी है भला या बुरा, केवल आपका ही है। तीनों लोकों में यह तुलसी जहाँ कहीं भी रहे तथा भूत, भविष्य, वर्तमान किसी भी काल में इसका केवल भला-ही-भला हो अर्थात् यह तुलसी हर जन्म में आपके ही ध्यान में लवलीन रहे।

है तुलसी कें एक गुन अवगुन निधि कहैं लोग।
भली भरोसे रावरो राम रीझिबे जोग॥

लोग तुलसी को दोषों और दुर्गुणों की खान कहते हैं, किन्तु मुझमें एक गुण ऐसा भी है कि मुझको केवल आप पर ही विश्वास है, इसीलिए हे मेरे

प्रभुराम! मुझ पर आपकी दया-दृष्टि का होना आवश्यक हो गया है। मैं तो आपका था और आपका ही हूं।

प्रीति राम सों नीति पथ चलिय राग रिस जीति।
तुलसी संतन के मते इहै भगति की रीति॥

भगवान राम से एकनिष्ठ भाव से प्रेम करना और काम-क्रोध रूपी दुर्गुणों पर विजय प्राप्त कर नीति के रास्ते पर चलना, सज्जनों और संतों के बिचार से वरदायिनी भक्ति की यही रीति है।

सत्य बचन मानस बिमल कपट रहित करतूति।
तुलसी रघुबर सेवकहि सकै न कलिजुग धूति॥

जो सदा सत्य बोलते हैं, मन में कोई छल-कपट नहीं होता है और कर्म कपट रहित होते हैं, ऐसे राम भक्तों के साथ कलियुग कभी धूर्तता भरा व्यवहार नहीं कर सकता अर्थात् माया उन्हें ठग नहीं सकती।

तुलसी सुखी जो राम सों दुखी सो निज करतूति।
करम बचन मन ठीक जेहि तेहि न सकै कलि धूति॥

जो लोग राम जी की कृपा से ही स्वयं को सुखी होना मानते हैं तथा अपने बुरे कर्मों से दुखी हैं, जिनके कर्म, वचन, मन ठीक हैं, उनको कलियुग छू भी नहीं पाता, धोखा देना तो दूर की बात है।

नातो नाते राम के राम सनेहँ सनेहु।
तुलसी मांगत जोरि कर न जनम जनम सिव देहु॥

जो व्यक्ति हाथ जोड़कर मागंता है कि हे! दानी शिव मुझे जन्म-जन्मांतर यही वरदान दीजिए कि राम के कारण किसी से संबंध बने और राम के कारण किसी से प्रीति हो तो उसको मोक्ष मिल जाए।

सब साधन को एक फल जेहिं जान्यो सो जान।
ज्यों त्यों मन मंदिर बसहिं राम धरें धनु बान॥

सभी साधनों का बस यही एक फल है कि जैसे भी हो धनुर्धारी प्रभु राम मन रूपी मंदिर में वास करने लगें, इस मर्म को जिसने जान लिया, वह हकीकत में सच्चा ज्ञानी है।

जौं जगदीस तौ अति भलो जौं महीस तौ भाग।
तुलसी चाहत जनम भरि राम चरण अनुराग॥

भगवान राम समस्त भूमण्डल के मालिक हैं तो इससे भली कोई बात तो हो ही नहीं सकती और यदि वे सिर्फ इस पृथ्वी के मालिक हैं, फिर भी यह

मेरे लिए अच्छा ही है। तुलसी तो बस प्रभुराम के चरण कमलों से लवलीन रहने की चाहत रखता है।

परौं नरक फल चारि सिसु मीच डाकिनी खाउ।
तुलसी राम सनेह को जो फल सो जरि जाऊ॥

मैं नरक में वास करूं, चाहे अर्थ, धर्म, काम, मोक्ष रूपी शिशुओं को मृत्यु रूपी डांकिनी खा जाए या भगवान राम से स्नेह का बंधन जोड़ने के कारण मेरे सारे पुण्य फल जलकर भस्म हो जाएं लेकिन यह तुलसी तो प्रभुराम के चरणों में माथा टेकते हुए प्यार करता ही रहेगा। उसका यह अडिग इरादा अब नहीं बदलने वाला।

हित सों हित, रति राम सों, रिपुसों बैर बिहाउ।
उदासीन सब सों सरल तुलसी सहज सुभाउ॥

राम भक्तों का स्वभाव सहज व सरल होना चाहिए ताकि प्रभु श्रीराम में उसका ध्यान हो, मित्रों से मैत्रीभाव हो तथा शत्रुओं से शत्रुता छोड़ दे, निष्पक्ष भाव से रहे और सब के साथ सरल भाव से आचरण करे।

तुलसी ममता राम सों सब संसार।
राग न रोष न दोष दुख दास भए भव पार॥

जो लोग श्रीराम से अखंड प्रेम करते हैं और समभाव से संसार के जीवों को देखते हैं, जो मन में राग, द्वेष, क्रोध, दोष, दुख आदि भाव नहीं रखते हैं। ऐसे श्रीराम भक्त भवसागर को पार कर जाते हैं और जाने कितने ही ऐसे राम भक्त भवसागर पार कर भी गए।

रामहि डरु करू राम सों ममता प्रीति प्रतीति।
तुलसी निरुपधि राम को भएं हारेहूँ जीति॥

भगवान राम से डरो, रामजी से प्रेम करो और विश्वास भी उन पर ही करो। भगवान राम का सच्चा भक्त बने रहने पर हारने में भी जीत ही होती है और वे तो दयानिधि हैं, भला अपने भक्तों को कभी हारने देते हैं।

तुलसी राम कृपालु सों कहि सुनाउ गुन दोष।
होय दूबरी दीनता परम पीन संतोष॥

अपने प्रभु श्रीराम से कुछ भी मत छुपाओ, अपने सारे गुण–अवगुण उनसे निःसंकोच भाव से बता दो। इससे तुम्हारी सारी दीनता दूर हो जाएगी तथा संतोष भाव मन में मजबूत हो जाएगा।

सुमिरन सेवा राम सों साहब सों पहिचानि।
ऐसेहु लाभ न ललक जो तुलसी नित हित हानि।।

भगवान राम का सुमिरन हो, उनकी भक्ति का सौभाग्य प्राप्त हो और प्रभु श्रीराम का बोध हो जाए, ऐसे लाभ के लिए जिसके मन में कोई ललक न हो तो उसके हित की नित्य-प्रतिदिन हानि ही होती है।

जानें जानन जोइऐ बिनु जाने को जान।
तुलसी यह सुनि समुझि हियँ आनु धरें धनु बान।।

जानने पर भी जाना-देखा जाता है। बिना जाने कौन जान सकता है। तुलसीदास कहते हैं कि जान-समझकर ही धनुर्धारी प्रभु श्रीराम को अपने हृदय में धारण करो, फिर देखो प्रभु श्रीराम का तुम्हें दर्शन होता है या नहीं।

करमठ कठमलिया कहैं ग्यानी ग्यान बिहीन।
तुलसी त्रिपथ बिछाइ गो राम दुआरें दीन।।

मुझ तुलसी को तो कट्टर कर्मकाण्डी व्यक्ति 'कठ मालिया' कहते हैं अर्थात् काठ की माला धारण करने वाला। जो स्वयं को ज्ञान मानते हैं। वे मुझे ज्ञानहीन कहते हैं और अराधना करना मुझे आता ही नहीं। मैं तो इन तीनों पंथों का त्यागकर बस प्रभु श्रीराम के दरवाजे पर जा बैठा हूं, जो दीनदयाल हैं, कृपा निधान हैं और सब विधि अगम हैं।

बाधक सब सब के भए साधक भए न कोइ।
तुलसी राम कृपालु तें भलो होइ सो होइ।।

इस संसार में सब-के-सब बाधक ही हैं साधक तो कोई भी किसी का नहीं है। कृपा निधान भगवान सब भक्तों का उद्धार करते हैं। उनकी ही शरण में जाओ।

संकर प्रिय मम द्रोही सिव द्रोही मम दास।
ते नर करहिं कलप भरि घोर नरक महुँ बास।।

भगवान राम ने स्वयं कहा है- जो शंकर जी से प्रेम करते हैं और मेरा अनादर करते हैं या जो शिवजी का अपमान करते हैं और स्वयं को मेरा दास कहते हैं, वे लोग युगों-युगों तक घोर नरक में वास करते हैं। भगवान शंकर व भगवान राम में कोई अंतर नहीं।

बिलग बिलग सुख संग दुख जनम मरन सोइ रीति।
रहिअत राखे राम कें गए ते उचित अनीति।।

सांसारिक मोह-माया से दूर रहने में ही सुख है और सांसारिक चीजों के नजदीक रहने में ही दुःख है। यही रीति जन्म और मरण में भी है। प्रभु श्रीराम

की इच्छा से ही आप यहाँ हैं। इसलिए मोह रहित होकर रहना श्रेष्ठ है। तुलसीदास कहते हैं कि इस मोह-मायादि युक्त संसार से जो सिधार गए, उन्होंने ही सही किया।

जायँ कहब करतूति बिनु जायँ जोग बिन छेम।
तुलसी जायँ उपाय सब बिना राम पद प्रेम॥

बिना कर्म किए लम्बी-लम्बी बातें करना बेकार है अर्थात् उसका कोई महत्त्व नहीं है। जो वस्तु प्राप्त है उसकी रक्षा किए बिना अप्राप्य वस्तु को प्राप्त करना या प्राप्त करने की चेष्टा करना व्यर्थ है। तुलसीदास आगे कहते हैं कि भगवान राम के चरण कमलों में अनुराग हुए बिना दुनिया के सारे पदार्थ मिथ्या हैं। उनका कोई मोल नहीं है।

लोग मगन सब जोगहीं जोग जायँ बिनु छेम।
त्यों तुलसी के भागवत राम प्रेम बिनु नेम॥

दुनिया के हर वर्ग के लोग अप्राप्य व दुर्लभ वस्तु को पाने की दौड़ में शामिल हैं लेकिन सहज सुलभ वस्तु की देखभाल किए बिना अप्राप्य वस्तुओं के लिए कर्म करना व्यर्थ है। तुलसीदास कहते हैं कि प्रभु श्रीराम की भक्ति के बिना सारे कर्म-योग निरर्थक हैं।

राम निकाई रावरी है सबही को नीक।
जौं यह साँची है सदा तौ नीको तुलसीक॥

मेरे प्रभु श्रीराम आप की हिताई सबके लिए ही कल्याणकारी है। यह बात यदि सत्य है तो तुलसीदास का भी सदा हित ही है।

तुलसी राम जो आदर्‍यो खोटी खरो खरोइ।
दीपक काजर सिर धर्‍यो धर्‍यो सुधर्‍यो धरोई॥

भगवान राम ने जिसको अपना लिया, वह गुणहीन भी गुणवान ही है। दीपक ने जब काजल को अपने सिर पर धारण कर लिया तो फिर धारण कर ही लिया अर्थात् भगवान राम कृपा प्राप्त हो गई तो फिर अवगुणों का कोई अस्तित्व नहीं रह जाता है।

तनु बिचित्र कायर बचन अहि अहार मन घोर।
तुलसी करि भए पच्छधर ताते कह सब मोर॥

मोर का शरीर विचित्र-सा है, बोली में कायरता का भाव है, सर्प उसका भोजन है और मन से वह बहुत ही कठोर है। तुलसीदास कहते हैं कि मोर में एक साथ इतने अवगुण होने पर भी मुरलीधर ने उसके पंखों को बड़े प्रेम

के साथ अपने सिर का शृंगार बना लिया। लीलाधर कन्हैया उसके पक्षघर बन गए तो सभी उससे प्रेम करने लगे, 'मोर-मोर' कहने लगे और वह विशेष पक्षी बन गया।

लहइ न फूटी कौड़िहू को चाहै केहि काज।
सो तुलसी महँगो कियो राम गरीब निवाज॥

जिसको फूटी कौड़ी भी कभी नसीब नहीं होती, उसको भला कोई क्यों चाहेगा और उससे क्या कार्य सिद्ध होगा जो उसे चाहेगा। उसी तुलसी को आज भगवान राम की भक्ति ने बेशकीमती बना दिया अर्थात् वह सर्वप्रिय हो गया। आज उसको सब चाहने लगे हैं।

घर घर माँगे टूक पुनि भूपति पूजे पाय।
जे तुलसी तब राम बिनु ते अब राम सहाय॥

तुलसी जब राम को नहीं जानता था या राम की कृपा उस पर नहीं थी तब वह घर-घर टुकड़े मांगता फिरता था। अब प्रभु श्रीराम की कृपा दृष्टि पड़ गई है तो राजा भी मुझ तुलसी के पांव पखारने लगे हैं। प्रभु श्रीराम की कृपा दृष्टि में इतनी बड़ी शक्ति है।

तुलसी राम सुदीठि तें बिल होत बलवान।
बैर बालि सुग्रीव कें कहा कियो हनुमान॥

प्रभु श्रीराम की कृपा-दृष्टि में जादू भरा है। उनकी कृपा-दृष्टि पड़ते ही कमजोर भी शक्तिशाली हो जाता है। सुग्रीव और बालि की शत्रुता कितने वर्षों से चली आ रही थी। हनुमान भी सुग्रीव के साथ थे लेकिन हनुमान ने सुग्रीव का भला कहां किया लेकिन जब प्रभु श्रीराम की कृपा हुई तो हनुमान महा बलवान और महायोद्धा हो गए।

तुलसी रामहु तें अधिक राम भगत जियँ जान।
रिनिया राजा राम भे धनिक भए हनुमान।

श्रीराम भक्त, प्रभु श्रीराम से भी अधिक हैं। तभी तो सर्वसम्पन्न प्रभु राम अपने भक्तों के लिए स्वयं कर्जदार हो गए और उनके परम सेवक हनुमान जी उनके साहुकार बन गए। प्रभु श्रीराम को हनुमान की भक्ति देखकर यह कहना ही पड़ गया कि मैं तुम्हारा कर्ज यानी तुम्हारा उपकार कभी नहीं चुका सकता। ऐसे हैं श्रीराम, वे भक्तों के किए का मूल्यांकन करते हैं और उनके बन जाते हैं अर्थात् उनके ही होकर रह जाते हैं।

किये सुसेवक धरम कपि प्रभु कृतग्य जियँ जानि।
जोरि हाथ ठाढ़े भए बरदायक बरदानि॥

एक अच्छे सेवक का जो धर्म बनता है, हनुमानजी ने सेवक का वही धर्म निभाया लेकिन वरदायक भगवान शिव हृदय से ऐसे कृतज्ञ हुए कि दोनों हाथ जोड़कर हनुमानजी के सामने खड़े हो गए और बोले कि हे हनुमान! तुम्हारे इस उपकार को चुकाया नहीं जा सकता। वे वरदानी भी हनुमानजी की सेवा के आगे झुक गए।

भगत हेतु भगवान प्रभु राम धरेउ तनु भूप।
किए चरित पावन परम प्राकृत नर अनुरूप॥

विश्वेश्वर भगवान श्रीराम ने भक्तों के लिए राजा का तन धरा और मनुष्यों की तरह विविध प्रकार की पवित्र नर-लीलाएं कीं।

ग्यान गिरा गोतीत अज माया मन गुन पार।
सोइ सच्चिदानंदघन कर नर चरित उदार॥

तुलसीदास कहते हैं कि जो ब्रह्म ज्ञान, वाणी, बुद्धि और इन्द्रियों से परे अजन्मा तथा माया, मन और गुणों के पार है, वही सच्चिदानंद ब्रह्म पावन नर लीला करता है।

हिरन्याच्छ भ्राता सहित मधु कैटभ बलवान।
जेहिं मारे सोई अवतरेउ कृपासिंधु भगवान॥

जिस भगवान ने हिरण्य कश्यप सहित हिरण्याक्ष तथा परम वीर मधु-कैटभ का वध किया था, उन्हीं भगवान ने श्रीराम के रूप में धरती पर अवतार लिया। नरसिंह भगवान और श्रीराम में कोई अंतर नहीं है, दोनों एक ही है।

सुद्ध सच्चिदानंदमय कंद भानुकुल केतु।
चरित करत नर अनुहरत संसृति सागर सेतु॥

शुद्ध, सच्चिदानंद कन्द-स्वरूप भानुकुल केतु भगवान श्रीराम जो नर लीलाएं करते हैं, वे भवसाग" से पार उतारने के लिए सेतु की तरह हैं। उनकी नर लीलाओं को गाकर तथा सुनाकर मनुष्य धन्य हो जाते हैं। उन्हें मोक्ष की प्राप्ति हो जाती है।

बाल वि.भूषन बसन बर धूरि धूसरित अंग।
बालकेलि रघुबर करत बाल बंधु सब संग॥

प्रभु श्रीराम बाल-आभूषण व वस्त्रों से सुशोभित हैं, उनका शरीर धूल से

मैला हो रहा है। सब बालकों और भाइयों के साथ बालक श्रीराम नाना प्रकार की बाल-क्रीड़ाएं कर रहे हैं।

अनुदिन अवध बधावने नित नव मंगल मोद।
मुदित मातु पितु लोग लखि रघुबर बाल बिनोद॥

भगवान राम की बाल लीला का वर्णन करते हुए तुलसीदास कहते हैं कि आये दिन अयोध्या में बधाव बजते हैं, प्रतिदिन नये-नये मंगल गान होते हैं और आनंदोत्सव मनाए जाते हैं। श्रीराम के बाल-विनोद को देख-देखकर माता-पिता और नगरवासी बड़े ही प्रसन्न होते हैं।

राज अजिर राजत रुचिर कोसलपालक बाल।
जानु पानि चर चरित बर सगुन सुमंगल माल॥

बाल-लीला का वर्णन करते हुए तुलसीदास कहते हैं कि कोसल नरेश दशरथ के सुकुमार राजभवन के खुबसूरत आंगन में घुटनों व हाथों के बल इधर-उधर घूमते हुए ऐसी विचित्र बाल कीड़ाएं कर रहे हैं, जो शगुन और सुमंगलों की माला है।

नाम ललित लीला ललित ललित रूप रघुनाथ।
ललित बसन भूषन ललित ललित अनुज सिसु साथ॥

बालक श्रीराम जी का नाम, सुन्दर लीला, सुन्दर रूप, सुन्दर वस्त्राभूषण सभी कुछ मोहक है। उनके सुन्दर-सुन्दर छोटे-छोटे भाई और नगर के बालक उनके साथ बालक्रीड़ा कर रहे हैं।

राम भरत लछिमन ललित सत्रु समन सुभ नाम।
सुमिरत दसरथ सुवन सब पूजहिं सब मन काम॥

राम, भरत, लक्ष्मण और शत्रुघ्न ये इतने सुन्दर, मोहक व शुभदायक नाम हैं कि इन चारों दशरथ नदंनों का स्मरण करते ही सारे मनोरथ पूरे हो जाते है।

बालक कोसलपाल के सेवकपाल कृपाल।
तुलसी मन मानस बसत मंगल मंजु मराल॥

अयोध्यापति दशरथ के बालक प्रभु राम, भक्तवत्सल और बहुत कृपालु हैं। वे श्रीराम, भक्त तुलसी के मन रूपी मानसरोवर में मंगलदायक सुन्दर हंस की तरह रहा करते हैं। तुलसी को और क्या चाहिए।

भगत भूमि भूसुर सुरभि सुर हित लागि कृपाल।
करत चरित धरि मनुज तनु सुनत मिटहिं जगजाल॥

भक्त, भूमि, ब्राह्मण, गौ, देवगण आदि के हित के लिए कृपालु प्रभु

श्रीराम मानव रूप में तरह-तरह की अद्भुत लीलाएं करते हैं, जिनके सुनने मात्र से ही सारे भवजाल नष्ट हो जाते हैं।

निज इच्छा प्रभु अवतरइ सुर महिगो द्विज लागि।
सगुन उपासक संग तहँ रहहिं मोच्छ सब त्यागि॥

तुलसीदास कहते हैं कि प्रभु अपनी इच्छा से ही देवगण, धरती, गौ और ब्राह्मण की सहायता के लिए अवतार लेते हैं। वहां सगुण उपासक सब तरह के मोक्षों का त्याग कर उनके साथ रहते हैं। मोक्ष दाता राम जब साथ हैं तो मोक्ष की कैसी कामना।

परमानंद कृपायतन मन परिपूरन काम।
प्रेम भगति अनपायनी देहु हमहि श्रीराम॥

तुलसीदास कहते हैं कि हे परमानंद, कृपानिधान! सबके दिलों की सारी अभिलाषाएं पूर्ण करने वाले प्रभु श्रीराम हमें अपनी प्रेम-भक्ति दीजिए, जो अखंड हो।

बारि मथें घृत होइ बरु सिकता ते बरु तेल।
बिनु हरि भजन न भव तरिअ यह सिद्धांत अपेल॥

पानी के मथने से भले ही घी पानी पर तैरने लगे और रेत को कोल्हू में डालने से भले ही तेल निकल आए लेकिन भगवान का नाम लिए बिना संसार-सागर से पार नहीं हुआ जा सकता, यह सिद्धांत अडिग और अखंड है। इसे झुठलाया नहीं जा सकता।

हरि माया कृत दोष गुन बिनु हरि भजन न जाहिं।
भजिअ राम सब काम तजि अस बिचारि मन माहिं॥

हरि की माया से उत्पन्न दोष हरि को भजने से ही जाते है। सारे विषयों को छोड़कर प्रभु श्रीराम का भजन करना चाहिए। यही मुक्ति का साधन है।

जो चेतन कहँ जड़ करइ जड़हि करइ चैतन्य।
अस समर्थ रघुनायकहि भजहिं जीव ते धन्य॥

जो चेतन को जड़ और जड़ को चैतन्य यानी ज्ञानवान कर देते हैं, ऐसे समर्थवान श्रीरघुनाथ जी को जो प्राणी भजते हैं, वे धन्य हो जाते हैं।

श्री रघुबीर प्रताप ते सिंधु तरे पाषान।
ते मतिमंद जे राम तजि भजहिं जाइ प्रभु आन॥

भगवान श्रीराम के प्रताप से समुद्र में पत्थर भी तर गए। वे मनुष्य वास्तव

में ही मूर्ख हैं, जो भगवान राम का त्याग कर किसी अन्य स्वामी को पूजते-भजते हैं।

लव निमेष परमानु जुग बरस कलप सर चंड।
भजसि न मन तेहि राम कहँ कालु जासु कोदंड॥

तुलसीदास कहते हैं कि हे मन! तू उन प्रभु राम का भजन-पूजन क्यों नहीं करता, जिनका काल धनुष है तथा लव निमेष, परमाणु, युग, वर्ष, कल्प आदि जिनके विकराल व घातक बाण हैं।

तब लगि कुसल न जीव कहुँ सपनेहुँ मन बिश्राम।
जब लगि भजत न राम कहुँ सोकधाम तजि काम॥

जब तक यह जीव कष्टों के धाम काम जन्य विषयों का त्यागकर प्रभु राम का सुमिरन नहीं करता तब तक जीव का न तो कुशल है और न सपने में भी कभी उसके मन को आराम है। भगवान राम का भजन करना आवश्यक है।

बिनु सतसंग न हरिकथा तेहि बिनु मोह न भाग।
मोह गएँ बिनु रामपद होइ न दृढ़ अनुराग॥

बिना सत्संग के हरि कथा का स्वाद चखने को नहीं मिलता, हरि कथा सुने बिना मोह भंग नहीं होता और मोह भंग हुए बिना भगवान श्रीराम के चरणकमलों में पूरे विश्वास के साथ प्रेम उत्पन्न नहीं होता।

बिनु बिस्वास भी गति नहिं तेहि बिनु द्रवहिं न रामु।
राम कृपा बिनु सपनेहुँ जीव न लह बिश्रामु॥

भगवान राम पर विश्वास हुए बिना न तो गति होती है और न ही भक्ति होती है, भक्ति के बिना रामजी पसीजते नहीं यानी कृपा दृष्टि नहीं करते और भगवान राम की कृपा के बिना सपने में भी जीव थोड़ा सा भी विश्राम नहीं कर पाता है। भगवान राम पर अटूट विश्वास और स्नेहशक्ति श्रद्धा भाव का होना आवश्यक है।

अस बिचारि मतिधीर तजि कुतर्क संसय सकल।
भजहु राम रघुबीर करूनाकर सुंदर सुखद॥

तुलसीदास कहते हैं कि हे बुद्धिमान! ऐसा सोच-विचार कर सारे कुतर्कों, संशयों को छोड़कर प्रभु श्रीराम का भजन करो। वे करूणामय हैं और सुंदर तथा सुखदायक हैं।

भाव बस्य भगवान सुख निधान करूना भवन।
तजि ममता मद मान भजिअ सदा सीता रवन॥

सुखों के भंडार और करुणा के धाम प्रभु श्रीराम भाव के वश में हैं। ममता,

अभिमान आदि को छोड़कर सीता रवन यानी प्रभु श्रीराम का सुमिरन करना ही सबसे अच्छा है।

कहहिं बिमलमति संत बेद पुरान बिचारि अस।
द्रवहिं जानकी कंत तब छूटै संसार दुख॥

विद्वान संतों, वेदों, पुराणों सबका यही कहना है कि जब जानकी कंत यानी प्रभु श्रीराम की कृपा होती है या वे प्रसन्न होते हैं, तभी भव-दुखों से व्यक्ति को मुक्ति मिलती है।

बिनु गुर होइ कि ग्यान ग्यान कि होइ बिराग बिनु।
गावहिं बेद पुरान सुख कि लहिअ हरि भगति बिनु॥

वेद-पुराणों का कहना है कि जैसे बिना गुरु के ज्ञान नहीं हो सकता या वैराग्य के बिना ज्ञान नहीं हो सकता, ऐसे ही श्री हरि की भक्ति के बिना वास्तविक सुख नहीं मिल सकता।

रामचंद्र के भजन बिनु जो चह पद निर्बान।
ग्यानवंत अपि सो नर पसु बिनु पूँछ बिषान॥

भगवान राम के भजन के बिना जो व्यक्ति मोक्ष की लालसा रखता है, वह वास्तव में ज्ञानी पुरुष होने के बाद भी पूंछ-सींग हीन पशु के समान है।

जरउ सो संपति सदन सुखु सुहृदय मातु पितु भाई।
सनमुख होत जो रामपद करइ न सहस सहाइ।

वह संपति, घर, सुख, मित्र, माता-पिता और भाई आदि जलकर नष्ट हो जाएं, जो प्रभु राम के चरणकमलों के सम्मुख होने में सहज भाव से सहयोग नहीं करते।

सेइ साधु गुरु समुझि सिखि राम भगति थिरताइ।
लरिकाई को पैरिबो तुलसी बिसारि न जाइ॥

साधु और सद्‌गुरु की सेवा करके ब्रह्मस्वरूप श्रीराम को समझो और उनसे सीखो कि कैसे श्रीराम की भक्ति प्राप्त हो सकती है। तुलसीदास कहते हैं कि बाल्यावस्था में सीखा हुआ तैरना जैसे नहीं भूलता वैसे ही सद्‌गुरु से सीखी हुई भक्ति कभी विफल नहीं होती और भूलती भी नहीं।

सबइ कहावत राम के सबहि राम की आस।
राम कहहिं जेहि आपनो तेहि भजु तुलसीदास॥

सभी रामजी को प्रिय हैं और सभी को उनसे ही उम्मीद है लेकिन हे

तुलसी! तू तो उसकी ही सेवा कर जो प्रभु श्रीराम का प्यारा है या जिसे प्रभु श्रीराम अपना सेवक मानते हैं।

जेहि सरीर रतिराम सों सोइ आदरहिं सुजान।
रूद्रंदेह तजि नेहबस बानर भे हनुमान।।

तुलसीदास कहते हैं कि जिस शरीर से भगवान श्रीराम की भक्ति होती है, वही शरीर आदरणीय है। प्रेमवश ही तो हनुमान जी ने अपने रूद्र रूप को छोड़कर बंदर का रूप धारण किया।

जानि राम सेवा सरस समुझि करब अनुमान।
पुरुषा ते सेवक भए हरते भे हनुमान।।

प्रभु श्रीराम जी की भक्ति में महारस है तभी तो ब्रह्मदेव जाम्बवंत बन गए और भगवान शिव हनुमान रूप धारण कर पृथ्वी पर आ गए। भक्तों! इन गूढ़ बातों को समझो और राम-भक्ति की सरसता व सहजता की महिमा का अनुमान लगाओ।

रावण रिपुके दास तें कायर करहिं कुचालि।
खर दूषन मारीच ज्यों नीच जाहिंगे कालि।।

तुलसीदास कहते हैं कि बुजदिल व्यक्ति ही रावण आदि बनकर राम भक्तों का उपहास करते हैं और वे खर-दूषण व मारीच की तरह शीघ्र ही इस संसार से चले जाते हैं।

पुन्य पाप जस अजस के भावी भाजन भूरि।
संकट तुलसीदास को राम करहिंगे दूरि।।

तुलसीदास कहते हैं कि तुलसी के जितने भी संकट हैं, उन्हें प्रभु राम अवश्य ही दूर कर देंगे लेकिन जिनके कारण यह संकट आया हुआ है, वे पुण्य-पाप और यश-अपयश के पात्र अवश्य ही होंगे।

खेलत बालक ब्याल सँग मेलत पावक हाथ।
तुलसी सिसु पितु मातु ज्यों राखत सिय रघुनाथ।।

जैसे अग्नि में हाथ डालने या सांप के साथ खेलने पर बालक को उसके माता-पिता बचा लेते हैं, वैसे ही भक्त रूपी शिशुओं को विषयों की ओर जाने से पहले ही माता-पिता रूपी सीता-राम बचा लेते हैं।

तुलसी दिन भल साहु कहँ भली चोर कहँ राति।
निसि बासर ता कहँ भलो मानै रा इताति।।

तुलसीदास कहते हैं कि दिन जो है वह साहू यानी सेठ के लिए अच्छा

होता है। रात जो है, वह चोर के लिए भली होती है लेकिन राम भक्तों के लिए तो रात–दिन दोनों ही आनंददायक और कल्याणदायक हैं।

तुलसी जाने सुनि समुझि कृपासिंधु रघुराज।
महँगे मनि कंचन किए सौंधे जग जल नाज॥

हमने सद्‌गुरुओं से सुनकर और स्वयं जान–समझकर यह अच्छी तरह से महसूस कर लिया है कि प्रभु श्रीराम दयासागर हैं। उन्होंने सोना तथा मणियों को तो महंगा कर दिया, लेकिन प्राणाधार जल व अन्न को संसार में सहज व सुलभ बना दिया।

सेवा सील सनेह बस करि परिहरि प्रिय लोग।
तुलसी ते सब राम सों सुखद सँज़ोग बियोग॥

सांसारिक बंधनों व प्रियजनों के मोह को छोड़कर सेवा, शील और प्रेम युक्त भक्ति से प्रभु श्रीराम को अपने वश में करो। श्रीराम–भक्ति में इतनी शक्ति है कि सब संयोग–वियोग सुख में बदल जाते हैं अर्थात् मिलन–बिछोह सब सुखदायक हो जाते हैं।

चारि चहत मानस अगम चनक चारि को लाहु।
चारि परिहरें चारि को दानि चारि चाख चाहु॥

तुलसीदास कहते हैं कि हर व्यक्ति धर्म, अर्थ, काम, मोक्ष–इन चारों को ही प्राप्त करने की अभिलाषा रखता है लेकिन इन्हें पाना आसान नहीं, ये सबको नहीं मिलते और किसी को मिलते भी हैं तो चनकचारि यानी चार चने के दाने के बराबर ही अर्थात् बहुत ही अल्प मात्रा में मिलते हैं। इन चारों को पाने की आशा छोड़कर प्रभु श्रीराम को अंदर–बाहर की आंखों से देखो, जो इन चारों ही पुरुषार्थों को देने वाले हैं।

सूधे मन सूधे बचन सूधी सब करतूति।
तुलसी सूधी सकल बिधि रघुबर प्रेम प्रसूति॥

जिस मनुष्य का मन कोमल है, वाणी सहज है और सारे कर्म सीधे हैं, उसके लिए प्रभु श्रीराम की प्रेम–भक्ति को उत्पन्न करने वाली सकल विधियां भी सीधी व सुगम ही हैं अर्थात् मन, वचन, कर्म से जो सहज व सीधे होते हैं, उनको भगवान की भक्ति बड़ी ही सहजता से प्राप्त हो जाती है।

बेष बिसद बोलनि मधुर मन कटु करम मलीन।
तुलसी राम न पाइये भएँ बिषय जल मीन॥

वेश साधुओं वाला है, बोली मधुर है, मन कठोर है और कर्म मलीन है,

भला इस तरह विषयरूपी जल की मछली बनकर प्रभु श्रीराम जा की भक्ति प्राप्त हो सकती है? राम ऐसे लोगों को कदापि ही नहीं मिलते। उन्हें पाने के लिए मन का निष्कपट होना जरूरी है।

बचन बेष तें जो बनइ सो बिगरइ परिनाम।
तुलसी मन तें जो बनइ बनी बनाई राम॥

तुलसीदास कहते हैं कि छल-कपट भरे वेश और बातों से जो कार्य बनता है, भेद खुलने पर बहुत जल्दी बिगड़ भी जाता है लेकिन जो कार्य स्वाभाविक रूप से बनता है, वह भगवान राम की कृपा से बनता ही चला जाता है।

नीच मीचु लै जाइ जो राम रजायसु पाइ।
तौ तुलसी तेरो भलो न तु अनभलो अघाइ॥

तुलसीदास कहते हैं कि ऐ नीच! प्रभु श्रीराम के कार्यो को करते हुए तुझे मौत भी आ जाए तो इसमें भी तू अपना भला ही समझ क्योंकि भगवान राम की सेवकाई के बिना तो तेरा जीवन व्यर्थ ही है।

जाति हीन अघ जन्म महि मुक्त कीन्हि असि नारि।
महामंद मन सुख चहसि ऐसे प्रभुहि बिसारि॥

तुलसीदास कहते हैं कि जो निम्न जाति की और पापों की जननी थी उस शबरी को भी रामजी ने तार दिया। अरे वज्रमूर्ख मन! ऐसे प्रभु राम को भुलाकर तू सुख की कामना व्यर्थ में कर रहा है। तुझे सुख जब भी मिलेगा उनकी शरण में जाने से ही मिलेगा। प्रभु राम ही जगतारन हैं।

बंधु बधू रत कहि कियो बचन निरुत्तर बालि।
तुलसी प्रभु सुग्रीव की चितइ न कछू कुचालि॥

तुम छोटे भाई की पत्नी पर मुग्ध हो, बालि को यह कहकर प्रभु राम ने लाजवाब कर दिया। बालि से कुछ आगे कहा की न गया लेकिन श्रीराम ने सुग्रीव को कुछ नहीं कहा क्योंकि उनकी वैसी कोई कुचाल उन्होंने देखी ही नहीं। भगवान राम, गुण-अवगुण को देखकर ही दण्ड देते हैं।

बालि बली बलसालि दलि सखा कीन्ह कपिराज।
तुलसी राम कृपालु को बिरद गरीब निवाज॥

तुलसीदास कहते हैं कि भगवान राम तो गरीबों के सखा हैं। उन्होंने शरीर से बलवान और सैन्य बल से युक्त बालि का वध कर सुग्रीव को अपना मित्र और बंदरों का राजा बना दिया। भगवान राम ऐसे कृपालु हैं कि वे हमेशा दीन हीनों के ही सिर पर हाथ धरते हैं और उनकी रक्षा करते हैं।

कहा बिभीषन लै मिल्यो कहा बिगार्‌यो बालि।
तुलसी प्रभु सरनागतहि सब दिन आए पालि॥

बालि ने तो भगवान राम का कुछ भी नहीं बिगाड़ा था, फिर भी उसका वध कर दिया और विभीषण उनके पास तो कुछ भी लेकर नहीं आया था, फिर भी उसे लंका का राजा बनाकर उसे निर्भय बना दिया। तुलसीदास कहते हैं कि प्रभु श्रीराम ने तो यह सब शरणागत की रक्षा के लिए किया। उनका स्वभाव ही ऐसा है, वह अपनी शरण में आए भक्तों की अवश्य ही मदद करते हैं।

तुलसी कोसलपाल सो को सरनागत पाल।
भज्यो बिभीषन बंधु भय भंज्यो दारिद्र काल॥

अयोध्या पति प्रभुराम जैसा, शरणागत की रक्षा करने वाला दूसरा कोई नहीं है। विभीषण ने अपने भाई रावण के भय से प्रभु श्रीराम की भक्ति की थी लेकिन प्रभु राम ने तो उसकी गरीबी और काल दोनों का ही नाश कर उसे भय मुक्त कर दिया अर्थात् भगवान राम ही सबके पालनहार हैं और उनको भजने वाला कष्ट नहीं पाता।

कुलिसहु चाहि कठोर अति कोमल कुसुमहु चाहि।
चित्त खगेस राम कर समुझि परइ कहु काहि॥

काक भुशंडी जी गरूड़ जी से कहते हैं कि हे पक्षीराज गरूड़! प्रभु श्रीराम स्वयं के लिए बहुत ही कठोर हैं, पर भक्तों के लिए फूल से भी ज्यादा मुलायम और नरम हैं। आप ही बताइए प्रभु राम के स्वभाव की थाह भला कोई पा सकता है। प्रभु राम को समझना इतना आसान नहीं है। वह तो अगम और अगोचर हैं।

बलकल भूषन फल असन तृन सज्या द्रुम प्रीति।
तिन्ह समयन लंका दई यह रघुबर की रीति॥

वनवास काल का वर्णन करते हुए तुलसीदास कहते हैं कि प्रभुराम जब खुद मृगछाला धारण करते थे, कन्द-मूल और फल खाते थे, घास-फूंस पर लेटते थे और पेड़-पौधों के बीच रहते थे, तभी उन्होंने विभीषण को लंका का राज्य सौंप दिया था। यही तो प्रभु श्रीराम की विशेषता है और गुण भी है। वह सुखों का त्याग करते हैं और भक्तों को मालामाल कर देते हैं। स्वयं के लिए कठोर और भक्तों के लिए उदार यह तो भगवान राम ही हो सकते हैं।

जो संपति सिव रावणहि दीन्हि दिएँ दस माथ।
सोइ संपदा बिभीषनहि सकुचि दीन्हि रघुनाथ॥

तुलसीदास कहते हैं कि जिस लंका और लंका के वैभव को भगवान शिव ने रावण को दस सिर काटकर चढ़ाने के बदले में दिया था, उसी लंका और लंका की संपत्ति को यह सोचते हुए भगवान राम ने विभीषण भेंट स्वरूप दे दिया कि अपनी शरण में आए भक्त को मैंने क्या दिया, सिर्फ लंका का राज्य ही तो। प्रभु श्रीराम तो प्रेम के भूखे हैं। उन्हें अपने दिए के बदले में कुछ नहीं चाहिए।

अविचल राज विभीषणहि दीन्ह राम रघुराज।
अजहुँ बिराजत लंक पर तुलसी सहित समाज॥

भगवान राम ने विभीषण को पलक झपकते ही बिना किसी संकोच के लंका का अविचल राज्य सौंप दिया। यही कारण है कि लंका के सिंहासन पर आज भी विभीषण अपने परिवार व समाज के साथ आसीन हैं।

कहा बिभीषन लै मिल्यो कहा दियो रघुनाथ।
तुलसी यह जाने बिना मूढ़ मीजिहैं हाथ॥

विभीषण कुछ भी तो लेकर प्रभु श्रीराम से नहीं मिला था और कुछ भी तो प्रभु राम को नहीं दिया। यह जाने बिना मुर्ख लोग हाथ ही मलते रह जाएंगे अर्थात् खाली हाथ आने वाले विभीषण को श्रीराम ने लंका का राज्य ही नहीं दिया बल्कि अपनी बिमल भक्ति भी दे दी। शरणागत की रक्षा इस तरह से भला रामजी के सिवा दूसरा कौन करने वाला है, कोई भी तो नहीं। भगवान श्रीराम की शरण में आने वाला कौन है और कैसा है यह सब श्री राम नहीं देखते। वे तो भाव के भूखे हैं।

बैरि बंधु निसिचर अधम तज्यो न भरें कलंक।
झूठें अघ सिय परिहरी तुलसी साइँ ससंक॥

भगवान राम जैसा यहाँ कोई भी तो नहीं, दुश्मन रावण का भाई, निसाचर और भाई द्वारा त्याग दिए जाने के कलंक से कलंकित विभीषण को भगवान राम ने अपनी शरण में ले लिया और झूठे अपराधों की वजह से सीता जी को एक पल में ही छोड़ दिया अर्थात् नर लीला करते समय राम अपनी मर्यादा को दूषित नहीं होने देते, वह स्वयं के लिए कठोर हो जाते हैं।

तेहि समाज कियो कठिन पन जेहिं तौल्यो कैलास।
तुलसी प्रभु महिमा कहौं सेवक को बिस्वास॥

जिस रावण ने कैलास को हाथों में उठाकर तोला था, उसी रावण की भरी सभा में अंगद ने पांव रख कर यह घोषणा कर दी कि कोई मेरा पांव हिला तक भी देगा तो वह सीता मैय्या को हार जाएगा। भगवान राम तो भक्तों की

लाज सदा ही रखते हैं। अंगद के पांव को कोई भी हिला न सका। तुलसीदास कहते हैं कि मैं इसे प्रभुराम की महिमा कहूँ या सेवक का उन पर अटूट विश्वास कहूँ अर्थात् भक्त भगवान के हैं और भगवान भक्त के हैं। उन्हें अपने भक्तों की लाज का ध्यान रहता है। उन्हें वे लज्जित नहीं होने देते।

सभा सभासद निरिख पट पकरि उठायो हाथ।
तुलसी कियो इगारहों बसन बेस जदुनाथ॥

तुलसीदास कहते हैं कि द्रौपदी का जब चीर हरण होने लगा तब सभा और सभासदों की ओर उसने कातर निगाहों से देखा, फिर जब कहीं से रक्षा के लिए हाथ नहीं उठा तब उसने एक हाथ से अपनी साड़ी को पकड़ा तथा दूसरे हाथ को ऊपर की ओर उठाकर भगवान श्रीकृष्ण को सच्चे मन से याद किया। द्रौपदी की आवाज सुनते ही यादव पति भगवान श्रीकृष्ण ग्यारहवां वस्त्रावतार में प्रकट हो गए और द्रौपदी की लाज तथा मर्यादा की रक्षा की। भगवान किस रूप में भक्तों का मान रखने आ जाएं, कुछ कहा नहीं जा सकता। वे भक्तों के लिए ही तो मानव तन धरते हैं।

त्राहि तीनि कह्यो द्रौपदी तुलसी राज समाज।
प्रथम बढ़े पट बिय बिकल चहत चकित निज काज॥

तुलसीदास कहते हैं कि द्रौपदी का जब चीर हरण होने लगा तब उसने तीन बार 'त्राहि-त्राहि-त्राहि' स्वरों से पुकारा। पहली त्राहि बोलते ही साड़ी बढ़ गई, दूसरी त्राहि में भगवान श्रीकृष्ण व्याकुल हो गए और तीसरी त्राहि में आश्चर्यचकित भाव से दुष्टों का संहार करने का निश्चय कर लिया। भगवान स्वयं पर आई विपत्ति को सह सकते हैं, पर भक्त पर आयी विपत्ति को सह नहीं सकते, सताने वालों को दंडित अवश्य ही करते हैं। महाभारत इसी चीर हरण का परिणाम था।

सुख जीवन सब कोउ चहत सुख जीवन हरि हाथ।
तुलसी दाता मागनेउ देखिअत अबुध अनाथ॥

तुलसीदास कहते हैं कि सभी सुखी रहना चाहते हैं लेकिन सुखमय जीवन तो भगवान के हाथ में होता है। उनकी कृपा के बिना किसी का जीवन सुखमय हो ही नहीं सकता। तुलसीदास को तो देने वाला और लेने वाला दोनों ही महामूर्ख और दीनहीन नजर आते हैं, देने वाला मूर्ख इसलिए है कि वह देने के अहंकार में ईश्वर बन बैठता है और भगवान की कृपा से वंचित रह जाता है तथा लेने वाला भिखारी इसलिए है कि वह भगवान को छोड़कर दूसरों से

मांगता फिरता है। भला भगवान से बड़ा दानी कौन है कि दीनता मिटा देगा।

कृपिन देइ पाइअ परो बिनु साधें सिधि होइ।
सीतापति सनमुख समुझि जो कीजै सुभ सोइ॥

कंजूस दे देता है, पड़ा धन मिल जाता है, बिना परिश्रम के ही कार्य सिद्ध हो जाता है। सीतापति रघुनाथ पर भरोसा कर जो भी कार्य किया जाता है, वह शुभ ही होता है।

दंडक बन पावन करन चरन सरोज प्रभाड़।
ऊसर जामहि खल तरहिं होइ रंक ते राउ॥

तुलसीदास कहते हैं कि शापित दंडक को शापमुक्त कर पवित्र करने वाले भगवान के चरण कमलों के प्रभाव से बंजर भूमि भी उपजाऊ हो जाती है, दुष्ट को भी मोक्ष मिल जाता है और रंक भी धन्ना सेठ बन जाता है।

बिनहीं रितु तरूबर फरत सिला द्रवति जल जोर।
राम लखन सिय करि कृपा जब चितवत जेहि ओर॥

प्रभु श्रीराम, लक्ष्मण और सीता जी कृपादृष्टि से देखते हैं तो बिना मौसम के ही वृक्ष फलने लगते हैं और पत्थरों की चट्टानों व तीव्र प्रवाह के साथ जल बहने लगता है।

सिला सुतिय भई गिरि तरे मृतक जिए जग जान।
राम अनुग्रह सगुन सुभ सुलभ सकल कल्यान॥

प्रभु श्रीराम के अनुग्रह से सब शुभ शगुन ही होते हैं और सब तरह के शुभदायक शगुन सुलभ भी हो जाते हैं। कोई बाधा उत्पन्न नहीं होती है। सारी दुनिंया को पता है कि प्रभु श्रीराम की अनुकंपा से शिला सुन्दर स्त्री बन गई, समुद्र में पहाड़ तैर गए तथा युद्ध में मारे गए सब वानर, भालू पुनर्जीवित हो गए।

सिला साप मोचन चरन सुमिरहु तुलसीदास।
अजहु सोच संकट मिटिहिं पूजहि मनकी आस॥

शापित अहिल्या को शिला से नारी बनाने वाले प्रभु श्रीराम के चरण कमलों का सुमिरन करो और आज से ही सब शोक-चितांओं से मुक्त हो जाओ। इस तरह से प्रभु श्रीराम को भजने से तुम्हारी मन की आस पूरी हो जाएगी।

मुए जिआए भालु कपि अवध बिप्रको पूत।
सुमिरहु तुलसी ताहि तू जाको मारुति दूत॥

जिस प्रभु राम ने युद्ध में मारे गए भालू-वानरों को जिंदा कर दिया और

अयोध्या में मरे हुए ब्राह्मण के बालक को फिर से जिंदा कर दिया, हे तुलसी! तुम उस प्रभु राम का सुमिरन करो, जिस के दूत पवनपुत्र हनुमान जी हैं।

काल करम गुन दोष जग जीव तिहारे हाथ।
तुलसी रघुबर रावरो जानु जानकीनाथ॥

हे प्रभु श्रीराम जी! काल, कर्म, गुण, दोष, संसार के सब जीव आपके ही हाथ में है। हे जानकी नाथ! इस तुलसी को भी अपना समझकर अपनी शरण में ले लीजिए।

रोग निकर तनु जरठपनु तुलसी संग कुलोग।
राम कृपा लै. पालिऐ दीन पालिबे जोग॥

तुलसीदास कहते हैं कि मेरा अंग-अंग बिमारियों का घर है, बुढ़ापा है और कुसंगति भी है। जगतपति श्रीराम! अनुकंपा करके मुझे अपना बनाकर मेरी रक्षा कीजिए। यह गरीब तुलसी आपकी कृपा दृष्टि का पात्र है।

मो सम दीन न दीन हित तुम्ह समान रघुबीर।
अस बिचारि रघुबंस मनि हरहु विषम भव धीर॥

हे प्रभु श्रीराम! मेरे समान कोई गरीब नहीं है और आपके समान कोई दीनदयाल नहीं है। ऐसा सोच-विचार कर हे रघुकुल तिलक! मेरे सारे विषम भाव और जीवन-मरण के भय को मिटा दीजिए।

भव भुअंग तुलसी नकुल डसत ग्यान हरि लेत।
चित्रकूट एक औषधि चितवत होत सचेत॥

तुलसीदास कहते हैं कि संसार रूपी सर्प तुलसी को डसकर उसका सारा ज्ञान नष्ट कर देता है लेकिन चित्रकूट एक ऐसी महाऔषधि है कि उसकी तरफ नजर उठाकर देखते ही नष्ट हुआ सारा ज्ञान पुनः वापस लौट आता है।

हौंहु कहावत सबु कहत राम सहत उपहास।
साहिब सीतानाथ सो सेवक तुलसीदास॥

तुलसीदास कहते हैं कि सभी मुझे प्रभुराम का दास कहते हैं और मैं भी इसका कोई विरोध नहीं करता हूं। मेरे भगवान प्रभुराम इस उपहास को बर्दाश्त करते हैं कि सीतानाथ जैसे समर्थवान स्वामी का तुलसी जैसा सेवक है।

राम राज राजत सकल धरम निरत नर नारि।
राग न रोष न दोष दुख सुलभ पदारथ चारि॥

राम राज्य का वर्णन तुलसीदास करते हुए कहते हैं कि राम राज्य में नर-नारी अपने-अपने धर्म-कर्म में लीन अत्यंत सुन्दर लग रहे हैं, कहीं भी

राग-द्वेष, क्रोध और दुःख नहीं है। चारों ही पदार्थ धर्म, अर्थ, काम, मोक्ष राम राज्य में उपलब्ध हैं। अपने-अपने कर्म के अनुसार सबको ही ये चारों पदार्थ प्राप्त हो रहे हैं।

राम राज संतोष सुख घर बन सकल सुपास।
तरु सुरतरु सुरधेनु महि अभिमत भोग बिलास॥

राम राज्य में सबको सभी प्रकार का संतोष है और सब प्रकार का सुख है, घर-बाहर दोंनो ही जगह सारी सुख-सुविधाएं हैं। वृक्ष कल्पवृक्ष के समान सारे मनोरथ पूर्ण करने वाले हैं और धरती कामधेनु के समान सारी इच्छाएं पूरी करने वाली है तथा सबको सब प्रकार के भोग-विलास प्राप्त हैं।

खेती बनि बिद्या बनिज सेवा सिलिप सुकाज।
तुलसी सुरतरु सरिस सब सुफल राम के राज॥

राम राज्य में खेती, बागवानी, मजदूरी, विद्या, व्यवसाय, शिल्पकारी और दूसरे अच्छे कार्य कल्पवृक्ष के समान सुन्दर व शुभ फलदायक हैं।

दंड जतिन्ह कर भेद जहँ नर्तक नृत्य समाज।
जीतहु मनहि सुनिअ अस रामचंद्र के राज॥

राम राज्य में दण्ड संन्यासियों के अधिकार में था। गाने-बजाने और नाचने का कार्य नृत्य-समाज में था। 'विजय' शब्द सिर्फ मन पर विजय प्राप्त करने के मामले में रह गया था और राजनीति में साम, दाम, दण्ड, भेद- ये चारों शत्रु पर विजय पाने के लिए उपयोग में लाए जाते थे। रामजी का राज्य ऐसा था, जहां कोई किसी का दुश्मन नहीं था, चारों तरफ मंगल-ही-मंगल था। राग-द्वेष से मुक्त राम राज्य था।

कोपें सोच न पोच कर करिअ निहोर न काज।
तुलसी परमिति प्रीति की रीति राम के राज॥

राम राज्य में सात्विक प्रेम की रीति थी और वह अपने पूरे यौवन पर थी। उच्छृंखल प्रेम का कोई मूल्य नहीं था। सात्विक प्रेम का ही यह नतीजा था कि किसी पर गुस्सा करने पर कोई बदले में गुस्सा नहीं करता था और उसका कोई अहित नहीं करता था। प्रेमपूर्वक सब मिल-जुलकर एक दूजे का काम करते थे।

मुकुर निरखि मुख राम भ्रू गनत गुनहि दै दोष।
तुलसी से सठ सेवकन्हि लखि जनि परहिं सरोष॥

तुलसीदास कहते हैं कि प्रभु श्रीराम आईने में अपने मुख को देखकर अपनी बांकी भृकुटी को दोष देते हैं। जो वास्तव में दोष नहीं बल्कि गुण है

और वे मन–ही–मन सोचते हैं कि तुलसी जैसे सठ सेवकों यानी दुष्ट भक्तों को कहीं बाकी भृकुटी में गुस्सा न नजर आ जाए।

सहसनाम मुनि भनित सुनि तुलसी बल्लभ नाम।
सकुचित हियँ हँसि निरखि सिय धरम धुरंधर राम॥

तुलसीदास कहते हैं कि मुनि द्वारा कहे हुए अपने हजारों नामों में से एक नाम 'तुलसी वल्लभ' सुनकर धर्म धुरंधर राम ने मुस्कराकर सीता जी को देखा और मन–ही–मन संकोच भी प्रदर्शित किया।

गौतम तिय गति सुरति करि नहिं परसति पग पानि।
मन बिहँसे रघुबंसमनि प्रीति अलौकिक जानि॥

जनकपुरी में सहेलियों के लाख कहने पर भी अहिल्या की गति का स्मरण कर, जो पैर छूते ही देवलोक पधार गयी थी, सीता जी प्रभु श्रीराम के पांव छूने का साहस नहीं जुटा पा रही थीं। सीता जी के मन की यह दशा प्रभु श्रीराम से नहीं छिपी रह सकी और वे इस अलौकिक प्रेम को महसूस कर मन–ही–मन हंस पड़े।

तुलसी बिलसत नखत निसि सरद सुधाकर साथ।
मुकुता झालरि झलक जनु रीम सुजसु सिसु हाथ॥

तुलसीदास कहते हैं कि शरद पूर्णिमा के चन्द्र के साथ रात में तारे ऐसे सुन्दर दिखते हैं जैसे प्रभु राम के सुयश रूपी शिशु के हाथ में मुक्ताओं की झालर सुशोभित हो रही हो।

रघुपति कीरति कामिनि क्यों कहै तुलसीदासु।
सरद अकास प्रकास ससि चारू चिबुक तिल जासु॥

तुलसीदास भला प्रभु श्रीराम की कीर्ति रूपी सुन्दर कामिनी का वर्णन कैसे कर सकता है? शरद रात्रि की पूर्णिमा के आकाश में चमकने वाला चन्द्रमा मानो उस सुयश यानी उस सुकीर्ति रूपी कामिनी की ठोड़ी का तिल है।

प्रभु गुन गन भूषण बसन बिसद बिसेप सुबेस।
राम सुकीरति कामिनि तुलसी करतब केस॥

भगवान राम के गुणों का जो समूह है वह उनकी कीर्ति रूपी कामिनी का वस्त्राभूषण है, जिससे उनका रूप बहुत ही सुन्दर व निर्मल दिखता है। तुलसीदास कहते हैं कि राम की सुकीर्ति रूपी जो कामिनी है, तुलसीदास रूपी करतूत उसके केश है।

राम चरित राकेस कर सरिस सुखद सब काहु।
सज्जन कुमुद चकोर चित हित बिसेषि बड़लाहु॥

भगवान राम का चरित्र चन्द्रमा की शीतल किरणों की तरह सब का कल्याण करने वाला है लेकिन उनके चरित्र रूपी चन्द्रमा की किरणें सज्जनरूपी कुमुद तथा चकोरों के मन के लिए अत्यंत ही कल्याणकारी हैं।

रघुबर कीरति सज्जननि सीतल खलीन सुताति।
ज्यों चकोर चम चक्कवनि तुलसी चाँदनी राति॥

जैसे चांदनी रात्रि चकोरों के मन को सुख देने वाली तथा चकवों के लिए दुखदायक है वैसे ही भगवान राम की सुकीर्ति सज्जनों के लिए शीतल और दुष्टों के लिए दुखदायक है।

राम कथा मंदाकिनी चित्रकूट चित चारु।
तुलसी सुभग सनेह बन सिय रघुबीर बिहारण॥

राम कथा मंदाकिनी है, सुन्दर व पवित्र मन ही चित्रकूट है और शुभदायक व सुन्दर प्रेम ही प्राकृतिक छटा से घिरा वन है, जिसमें सीता जी के साथ श्रीरघुवीर विचरण करते हैं।

स्याम सुरभि पय बिसद अति गुनद करहिं सब पान।
गिरा ग्राम्य सिय राम जस गावहिं सुनहिं सुजान॥

श्याम वर्ण की गाय काली होती है, फिर भी उसका दूध अत्यंत ही सफेद और अमृततुल्य होता है, जिससे लोग उसके दुग्ध का पान अमृत जानकर करते हैं। इसी तरह से ज्ञानी संतजन सीता-राम का यशगान गंवई भाषा में होने पर भी बड़े प्रेम से करते हैं और सुनते भी हैं।

हरि हर जस सुर नर गिरहुँ बरुहि सुकवि समाज।
हाँड़ी हाटक घटित चरु राँधे स्वाद सुनाज॥

हरि और हर यानी भगवान कृष्ण व भगवान शिव का यशगान कविगण संस्कृत व क्षेत्रीय दोनों ही भाषाओं में करते हैं। तुलसीदास कहते हैं कि सुन्दर अन्न को स्वर्ण पात्र में बनाया जाए या माटी के पात्र में, वह खाने में स्वादिष्ट ही होता है।

तिल पर राखेउ सकल जग बिदित बिलोकत लोग।
तुलसी महिमा राम की कौन जानिबे जोग॥

भगवान राम की महिमा को जानने वाला कोई नहीं है। इतनी योग्यता किसी में भी नहीं है। प्रभु श्रीराम ने तो अपनी आंखों की पुतली पर सारे संसार को

धारण किया है और इस बात को सब लोग जानते हैं तथा अपनी आंखों से देखते हैं।

राम सरूप तुम्हार बचन अगोचर बुद्धि पर।
अबिगत अकथ अपार नेति नेति नित निगम कहर॥

हे प्रभु राम! आपका दिव्य स्वरूप बुद्धि से परे और अवर्णनीय हैं। आपके दिव्य स्वरूप को न तो कोई समझ सका, न ही वर्णन कर सका और न ही उसका थाह लगा सका, तभी तो वेद हमेशा 'नेति-नेति' कहकर आपके स्वरूप की नित्य प्रशंसा करते हैं।

माया जीव सुभाव गुन गाल करम महदादि।
ईस अंक तें बढ़त सब ईस अंक बिनु बादि॥

माया, जीव, स्वभाव, गुण, काल, कर्म, यश आदि सब भगवान राम रूपी ज्योति के स्पर्श से बढ़ते हैं और उस ईश्वर रूपी ज्योति की कृपा के बिना नष्ट हो जाते हैं।

हित उदास रघुबर बिरह बिकल कल नर नारि।
भरत लखन सिय गति समुझि प्रभु चख सदा सुबारि॥

तुलसीदास कहते हैं कि सभी नर-नारी, हित-मित्र प्रभुराम के विरह में विकल और दुखी रहते थे क्योंकि भरत, लक्ष्मण और सीता जी के मलीन मन को देखकर स्वयं प्रभुराम की आँखों में आंसू भरे रहते थे।

सीय सुमित्रा सुवन गति भरत सनेह सुभाउ।
कहिबे को सारद सरस जनिबे को रघुराउ॥

तुलसीदास कहते हैं कि सीता, लक्ष्मण और भरत के राम-प्रेम का वर्णन तो केवल माता सरस्वती ही कर सकती हैं और उनके इस अनन्य प्रेम को सिर्फ भगवान राम ही जान सकते हैं।

जानी राम न कहि सके भरत लखन सिय प्रीति।
सो सुनि गुनि तुलसी कहत हठ सठता की रीति॥

भगवान राम ही भरत, लक्ष्मण और सीता जी के स्वयं के प्रति प्रेम को जान-समझ सके लेकिन कभी मुख से उस प्रेम का खुलासा नहीं किया या कभी कुछ कहा नहीं, उस प्रेम को तुलसी हठ करके सबको बताने चला है, यह उसकी धृष्टता त्र मूर्खता की ही तो पराकाष्ठा है।

सब विधि समरथ सकल कह सहि साँसति दिन राति।
भलो निबाहेउ सुनि समुझि स्वामिधर्म सब भाँति॥

प्रभु श्रीराम ही प्रेम के मर्म को जानते हैं और उसको निभाने में भी समर्थ हैं, सबका यही कहना है। तभी तो दिन-रात सब कुछ सहकर, घोर कष्टों का सामना कर उन्होंने अपने स्वामी होने के धर्म को अच्छी तरह से निभाया। सीता जी के लिए रावण से युद्ध किया। लक्ष्मण के लिए नयनों में आंसू भर-भर कर रोदन किया और भरत को एक पल के लिए भी कभी मन से नहीं उतारा।

भरतहि होइ न राजमदु बिधि हरिहर पद पाइ।
कबहुँ कि काँजी सीकरनि छीरसिंधु बिनसाइ॥

भरत के विषय में तुलसीदास कहते हैं कि भरत जी जैसा तो कोई पुरुष हो ही नहीं सकता। अयोध्या के सिंहासन की बात कौन करे, भरत जी को तो राजमद विष्णु, महेश और ब्रह्मा के पद को भी पाकर नहीं हो सकता। कांजी की बूंदों से कभी क्षीर सागर फटा है कि फटेगा या नष्ट होगा। भरत जी तो क्षीर सागर की तरह अटल और निष्कपट हैं।

संपति चकई भरत चक मुनि आयस खेलवार।
तेहि निसि आश्रम पिंजराँ राखे भा भिनुसार॥

भरत जी जब प्रभु श्रीराम से वन में मिलने के लिए जा रहे हैं तब का वर्णन तुलसीदास ने किया है—भारद्वाज मुनि के आश्रम में जब भरत जी विश्राम के लिए पहुँचे तब भारद्वाज मुनि ने तपोबल से भोग-विलास की सारी वस्तुएं लाकर भरत जी के आगे रख दीं मानो ये भोग-विलास की वस्तुएं चकवी हैं और भरत जी चक यानी चकवा हैं और भारद्वाज मुनि का आदेश खिलाड़ी है, जिसने उस रात आश्रम रूपी पिंजरे में भोग-विलास की सामग्री रूपी चकवी व भरत रूपी चकवा को कैद कर रखा और यूं ही सुबह हो गई। भरत ने मुनि द्वारा भेंट की गई एक भी वस्तु को छुआ तक नहीं। वह तो राम-प्रेम के भूखे हैं भरत का राम-प्रेम। चकवा-चकवी को लेकर लोगों में यह धारणा है कि रात में साथ अगर वे हों तो भी एक दूसरे के समीप नहीं आते।

सधन चोर मग मुदित मन धनी गही ज्यों फेंट।
तथों सुग्रीव बिभीषनहि भई भरत की भेंट॥

तुलसीदास कहते हैं कि धन लेकर खुशी मन से जाते हुए चोर को माल धनी अचानक ही आकर पकड़ लेता है और उसके मन की जो दशा होती है, वही दशा सुग्रीव व विभीषण की भरत से मिलने पर हुई। भरत से मिलने के बाद उन दोनों ने जाना कि हमारा राम-प्रेम भरत के राम-प्रेम के सामने कितना

कम है और हल्का है। राम-प्रेम के धन से परिपूर्ण तो बस भरत जी ही हैं, जिन्होंने राम के लिए तपस्वी का भेष धारण कर लिया।

राम सराहे भरत उठि मिले राम सम जानि।
तदपि बिभीषन कीसपति तुलसी गरत गलानि॥

तुलसीदास कहते हैं कि भगवान राम ने विभीषण व सुग्रीव की भरत के सामने बहुत प्रशंसा की और भरत जी ने भी प्रभु श्रीराम की तरह ही उन्हें आदर व सम्मान दिया, फिर भी वे दोनों आत्म-ग्लानि से पल-पल गलते ही जा रहे थे कि एक भरत हैं, भाई के लिए सबकुछ छोड़ दिया और एक हम हैं निज स्वार्थ के लिए भाइयों का वध करवा दिया। हममें और भरत में तो कहीं कोई मेल ही नहीं। भरत जी तो महान हैं।

भरत स्याम तन राम सम सब गुन रूप निधान।
सेवक सुखदायक सुलभ सुमिरत सब कल्यान॥

तुलसीदास कहते हैं कि भरत जी सब गुणों के भंडार हैं और उनका शरीर प्रभु राम की तरह ही श्याम वर्ण है। भरत जी के नाम का सुमिरन करते ही दुखों का अंत हो जाता है और कल्याण-ही-कल्याण होता है।

ललित लखन मूरति मधुर सुमिरहु सहित सनेह।
सुख संपति कीरति बिजय सगुन सुमंगल गेह॥

लक्ष्मण जी के विषय में तुलसीदास कहते हैं कि जो सुख, संपत्ति, यश, विजय, शगुन, सुमंगल के धाम हैं, उन परम सुन्दर बदन वाले श्री लक्ष्मण जी की मोहक छवि का सप्रेम सुमिरन करो।

नाम सत्रुसूदन सुभग सुषमा सील निकेत।
सेवत सुमिरत सुलभ सुख सकल सुमंगल देत॥

तुलसीदास कहते हैं कि शोभा और शील के धाम शत्रुघ्न जी के सुन्दर नाम का भजन करो और अपना जीवन सुखद बनाओ। शत्रुओं का नाश करने वाला शत्रुघ्न नाम, सकल सुमंगलों को देने वाला है और सब सुख सहज व सुलभ कर देता है।

कौसल्या कल्यानमइ मूरति करत प्रनाम।
सगुन सुमंगल काज सुभ कृपा करहिं सियराम॥

माता कौसल्या का गुणगान करते हुए तुलसीदास कहते हैं कि माता कौसल्या कल्याणदायक मूर्ति हैं। उन्हें प्रणाम करने से शगुन और सुमंगल होते हैं। सारे कार्य पूरे होते हैं तथा सियाराम जी की अनुकंपा प्राप्त होती है।

सुमिरि सुमित्रा नाम जग जे तिय लेहिं सनेम।
सुअन लखन रिपुदवन से पावहिं पति पद प्रेम।।

जो स्त्रियां माता सुमित्रा का नाम हृदय में धर कर पतिव्रत धर्म का पालन करती हैं, उन्हें लक्ष्मण और शत्रुघ्न जैसे पुत्र प्राप्त होते हैं और पति के चरणों में उनका प्रेम सदा ही बना रहता है।

सीताचरन प्रनाम करि सुमिरि सुनाम सुनेम।
होहिं तीय पति देवता प्राननाथ प्रिय प्रेम।।

माता सीता के चरण कमलों में प्रणाम करने से और उनका सुन्दर नाम लेने से स्त्रियां पतिव्रत धर्म का पालन करने में सफलता प्राप्त करती हैं और उनके पति उनसे अथाह प्रेम करते हैं।

तुलसी केवल कामतरु रामचरित आराम।
कलितरु कपि निसिचर कहत हमहिं किए बिधि बाम।।

श्रीराम चरित रूपी बगीचे में सिर्फ कल्प वृक्ष ही हैं अर्थात् सिर्फ सज्जन लोग ही उस बगीचे में वास करते हैं। वानर सुग्रीव व निशाचर विभीषण आदि का कहना है कि ब्रह्मा हमारे प्रतिकूल थे, जिन्होंने हमें पुण्यात्मा नहीं बनाया लेकिन प्रभुराम ने हमें अपने पावन चरित रूपी बगीचे में जगह देकर यह जीवन सफल बना दिया।

मातु सकल सानुज भरत गुरु पुर लोग सुभाउ।
देखत न कैकइहि लंकापति कपिराउ।।

लंका पति विभीषण औरं वानरराज सुग्रीव सभी माताओं का, लक्ष्मण, शत्रुघ्न, भरत और अवधवासियों सहित गुरुओं का प्रभु राम के प्रति प्रेम से भरा हुआ स्वभाव बड़े स्नेह से देखते हैं लेकिन कैकेयी का राम जी के प्रति जो प्रतिकूल आचरण है, उसे देखकर उन्हें बहुत ही कष्ट होता है कि वह कैसी कुटिल माता हैं।

सहज सरल रघुबर बचन कुमति कुटिल करि जान।
चलइ जोंक जल बक्रगति जद्यपि सलिलु समान।।

भगवान राम के सरल व सहज वचनों को भी कुटिल बुद्धि वाली कैकेयी ने टेढ़ा ही समझा जैसे जल सहज ही होता है, फिर भी उसमें जोंक वक्राकार ही चलती है क्योंकि उसका स्वभाव जो टेढ़ा होता है।

दसरथ नाम सुकामतरु फलइ सकल कल्यान।
धरनि धाम धन धरम सुत सदगुन रूप निधान।।

महाराज दशरथ का नाम सुन्दर कल्पवृक्ष के समान मनोरथ पूर्ण करने वाला है। महाराज दशरथ का नाम लेने पर पृथ्वी, घर, धन, धर्म, रूपवान व सद्गुणी पुत्र आदि सब सुन्दर फलों का खजाना एक साथ प्राप्त होता है।

तुलसी जान्यो दसरथहिं धरमु न सत्य समान।
रामु तजे जेहि लागि बिनु राम परिहरे प्रान॥

महाराज दशरथ ने ही इस रहस्य को समझा था कि सत्य से बड़ा कोई धर्म नहीं है। उस सत्य के लिए ही तो दशरथ जी ने राम जैसे सद्गुणी पुत्र को वन जाने दिया और राम के वियोग में ही देह का त्याग कर दिया।

राम बिरहँ दसरथ मरन मुनि मन अगर सुमीचु।
तुलसी मंगल मरन तरु सुचि सनेल जल सींचु॥

भगवान राम के वियोग में दशरथ जी ने शरीर को ही छोड़ दिया। ऐसा मरण महर्षियों के भी भाग्य में नहीं होता। तुलसीदास आगे कहते हैं कि ऐसे मंगलमय मृत्युरूपी पेड़ को पवित्र स्नेह रूपी जल से हमेशा सींचते रहो। प्रभु श्रीराम में तुम्हारी भी इतनी गहरी प्रीति होगी तो तुम्हें भी ऐसी मृत्यु का सौभाग्य अवश्य ही प्राप्त होगा।

जीवन मरन सुनाम जैसें दसरथ राय को।
जियत खिलाए राम राम बिरहँ तपु परिहरेउ॥

महाराज दशरथ जी का जीवन और मरण में जितना सुन्दर नाम हुआ वैसा नाम किसी का भी नहीं हुआ। जब वह जीवित थे तब भगवान राम को अपनी गोद में बिठाकर खिलाया और देह का त्याग जब किया तब श्रीराम के वियोग में।

प्रभुहि बिलोकत गोद गत सिय हित घायल नीचु।
तुलसी पाई गीधपति मुकुति मनोहर मीचु॥

तुलसीदास जटायु के विषय में लिखते हैं कि सौभाग्यशाली है गिद्धराज जटायु, जिसने माता सीता की रक्षा करते हुए स्वयं को अधमरा कर लिया और अधम शरीर वाला होने पर भी प्रभु श्रीराम की गोद में उनके दिव्य मुख मंडल को निहारते हुए अच्छी मृत्यु तथा मोक्ष दोनों को एक साथ प्राप्त किया।

बिरत करम रत भगत मुनि सिद्ध ऊँच अरु नीचु।
तुलसी सकल सिहात सुनि गीधराज की मीचु॥

गिद्धराज जटायु की ऐसी पावन व मोक्षदायिनी मृत्यु की खबर जब सबने सुनी तो वैरागी, कर्म योगी, भक्त, मुनि, सिद्ध, ऊंच और नीच सब उससे जलने लगे और सभी की यही इच्छा होने लगी कि जटायु की तरह ही उनकी भी मृत्यु हो।

मुए मरत मरिहैं सकल घरी पहरके बीचु।
लही न काहूँ आजु लौं गीधराज की मीचु॥

कितने ही मर गए, कितने ही मर रहे हैं और आगे-पीछे सब मरेंगे ही लेकिन आज तक किसी को भी जटायु जैसी मोक्षदायिनी मृत्यु नहीं प्राप्त हुई और न होगी, वह तो जटायु का वैसा कर्म फल था।

मुँए मुकुत जीवत मुकुत मुकुत मुकुत हूँ बीचु।
तुलसी सबही ते अधिक गीधराज की मीचु॥

तुलसीदास कहते हैं कि कोई मर कर मुक्ति पाता है, कोई जिन्दा ही मुक्ति पा जाता है, मुक्ति-मुक्ति में भी भेद होता है। इन सब मुक्तियों में अधिक श्रेष्ठ गिद्धराज जटायु की मृत्यु है।

रघुबर बिकल बिहंग लखी सो बिलोकी दोउ बीर।
सिय सुधि कहि सिय राम कहि देह तजी मति धीर॥

तुलसीदास लिखते हैं कि भगवान राम ने जख्मी और व्याकुल जटायु को स्नेहभरी आंखों से देखा और जटायु ने भी राम सहित लक्ष्मण को स्नेहभरी आंखों से देखा। फिर उसकी पीड़ा शांत हो गई और उसने माता सीता के बारे में बताकर सीताराम, सीताराम कहते हुए प्राण त्याग दिया।

दसरथ ते दसगुन भगति सहित तासु करि काजु।
सोचत बंधु समेत प्रभु कृपासिंधु रघुराजु॥

तुलसीदास कहते हैं कि दशरथ जी जैसा भाग्यशाली कौन होगा। भगवान राम ने दशरथ जी से दसगुनी भक्ति सहित उनका अंतिम संस्कार किया और भाई लक्ष्मण के साथ उनकी मृत्यु पर शोक मनाने लगे।

केवट निसिचर बिहग मृग किए साधु सनमानि।
तुलसी रघुबर की कृपा सकल सुमंगल खानि॥,

तुलसीदास कहते हैं कि भगवान राम की अनुकंपा सभी सुमंगलों की निधि है। राम-अनुकंपा ने केवट, निशाचर विभीषण, पक्षी राज जटायु, वानर, भालुओं आदि को भी आदर-सम्मान दिलाकर साधु के समान पूजनीय बना दिया।

मंजुल मंगल मोदमय मूरति मारुत पूत।
सकल सिद्धि कर कमल तल सुमिरत रघुबर दूत॥

रघुपति दूत पवनपुत्र हनुमान जी सौंदर्य, मंगल और आनंद की साक्षात् मूर्ति हैं। उनका नाम लेते ही सारी सिद्धियां प्राप्त हो जाती हैं।

धीर बीर रघुबीर प्रिय सुमिरि समीर कुमारु।
अगम सुगम सब काज करु करतल सिद्धि बिचारु॥

धीर वीर रघुवीर के प्रिय पवनपुत्र हनुमानजी का नाम लेकर कैसा भी कठिन या सरल कार्य करो और मन में विश्वास रखो, सफलता तुम्हें मिलनी ही है।

सुख मुद मंगल कुमुद बिधु सुगुन सरोरुह भानु।
करहु काज सब सिद्धि सुभ आनि हिएँ हनुमान॥

सुख, आनंद और मंगल रूपी कुमुदिनी के लिए चंद्रमा के समान और सगुन रूपी कमलों को खिलाने के लिए सूर्य के समान हनुमान जी का ध्यान अपने ह्रदय में धर कर कार्य का शुभारंभ करो, तुम्हारे सारे कार्य सफल होंगे।

सकल काज सुभ समउ भल सगुन सुमंगल जानु।
कीरति बिजय विभूति भली हियँ हनुमानहि आनु॥

हनुमान जी को ह्रदय में धारण करो और यह समझ लो कि तुम्हारे सारे कार्य पूरे होंगे तथा सगुण, सुमंगल, कीर्ति, विजय और धन–समृद्धि की प्राप्ति होगी।

सूर सिरोमनि साहसी सुमति समीर कुमार।
सुमिरत सब सुख संपदा मुद मंगल दातार॥

वीरों के शिरोमणि, साहसी, सुमतिवान पवनपुत्र हनुमान का नाम लेते ही सब सुख, समृद्धि, आनंद और सुमंगल प्राप्त हो जाते हैं।

तुलसी तनु सर सुख जलज भुज रुज गज बरजोर।
दलत दयानिधि देखऐ कपि केसरी किसारे॥

तुलसीदास कहते हैं कि हे दयानिधि पवन पुत्र! देखिए, तुलसी के तन रूपी सरोवर के मुख रूपी कमल को, यह बांह का रोग रूपी हाथी अपने बल से जबर्दस्ती नष्ट कर रहा है। हे केसरी के लाल! मेरी रक्षा कीजिए। सिंह का पुत्र ही इस मदमस्त हाथी को हरा सकता है।

भुज तरू कोटर रोग अहि बरबस कियो प्रबेस।
बिहगराज बाहन तुरत काढ़िअ मिटै कलेस॥

तुलसीदास कहते हैं कि मेरी बांह वृक्ष के कोटर जैसी है, जिसमें रोगरूपी सांप जबरन कुंडली मारकर बैठ गया है। हे गरूड़ वाहन हरि! आप उसे फौरन बाहर निकालने का कष्ट करें ताकि मेरी पीड़ा शांत हो।

बाहु बिटप सुख बिहँग थलु लगी कुपीर कुआगि।
राम कृपा जल सींचिऐ बेगि दीन हित लागि॥

तुलसीदास लिखते हैं कि मेरा बांह रूपी पेड़ सुख के पक्षी का घर था, जिसमें रोगरूपी जलाने वाली आग लग गई है। हे पवनपुत्र! अब देर मत कीजिए। मेरे हित के लिए राम भक्ति रूपी जल को उस पर डालकर यह आग बुझा दीजिए क्योंकि राम-भक्ति और राम-कृपा आपके ही हाथ में है।

मुक्ति जन्म महि जानि ग्यान खानि अघहानि कर।
जहँ बस संभु भवानि सो कासी सेइअ कस न।।

तुलसीदास काशी के विषय में कहते हैं कि जहां माता पार्वती के साथ भगवान शिव का वास है, उस काशी नगरी को पापों को दूर करने वाली, ज्ञान की निधि और मुक्तिदायिनी जानकर क्यों न वहां वास किया जाए।

जरत सकल सुर बृंद बिषम गरल जेहि पान किय।
तेहि न भजसि मन मंद को कृपालु संकर सरिस।।

जिस विष की ज्वाला से सारे देवगण व्याकुल थे और उसकी तपन से जल रहे थे, उस विष को भगवान शिव ने क्षण-भर में ही स्वयं पान कर लिया। हे मंद बुद्धि मन! तू उस परम कृपालु शिव जी की आराधना क्यों नहीं करता? उन जैसा दानी और सबका हित चाहने वाला तो कोई नहीं है।

बासर ढासनि के ढका रजनी चहुँ दिसि चोर।
संकर निज पुर राखिऐ चितै सुलोचन कोर।।

तुलसीदास कहते हैं कि दिन में तो मुझे ठगों के धक्के खाने पड़ते हैं तथा रात में चारों तरफ चोर परेशान करते हैं। हे महादेव! आंखों के कोर से तनिक देखकर अपनी काशी नगरी में मुझे इनसे बचाइए।

अपनी बीसीं आपुहीं पुरिहिं लगाए हाथ।
केहि बिधि बिनती बिस्व की करौं बिस्व के नाथ।।

हे विश्वनाथ जी! आपने स्वयं की बनाई अपनी काशी नगरी में स्वयं ही संहार लीला प्रारंभ कर दी। अब मैं कैसे संसार की ओर से उसकी रक्षा के लिए आप से प्रार्थना करूं।

और करे अपराधु कोउ और पाव फल भोगु।
अति बिचित्र भगवंत गति को जग जानै जोगु।।

तुलसीदास कहते हैं कि ईश्वर की यह लीला अपरंपार है। अपराध कोई करता है और सजा कोई दूसरा पाता है। अपनी लीला आप ही जानें, इस संसार में इतना समर्थवान कौन है, जो दैवीय लीला को जान सके।

प्रेम सरीर प्रपंच रूज उपजी अधिक उपाधि।
तुलसी भली सुबैदई बेगि बाँधिऐ ब्याधि।।

इस नश्वर शरीर में विषय-वासनाओं के प्रति कुछ ज्यादा ही आसक्ति लग जाती है। बुद्धिमानी इसी में है कि इस रोग को वहीं रोक दिया जाए अर्थात् अनुराग शरीर व मन को रोगी ही बनाता है। व्यक्ति को बदले में कुछ भी शुभ प्राप्त नहीं होता।

हम हमार आचार बड़ भूरि भार धरि सीस।
हठि सठ परबस परत जिमि कीर कोस कृमि कीस।।

हम महान हैं, हमारा व्यवहार सर्वश्रेष्ठ है, ऐसे मिथ्या विचारों का भार सिर पर धर कर मूर्ख लोग तोते, रेशम के कीड़े और बन्दर की तरह इस झूठी गलतफहमी के शिकार हो जाते हैं।

केहिं मग प्रबिसति जाति केहिं कह दरपन में छाहँ।
तुलसी ज्यों जग जीव गति कीर जीव के नाहँ।।

तुलसीदास कहते हैं कि कोई बता सकता है कि आईने में छाया किस मार्ग से जाती है और किस मार्ग से निकल जाती है। ईश्वर ने शरीर में भी जीव के आने-जाने की गति ऐसी ही बनायी है। जीव शरीर में किस रास्ते से गया और किस रास्ते से निकल गया, इस मर्म को परमात्मा के सिवा दूसरा कोई नहीं जानता।

सुखसागर सुख नदी बस सपने सब करतार।
माया नाथ की को जग जाननिहार।।

तुलसीदास कहते हैं कि शरीर में सुखनिधि ईश्वर ही जीव के रूप में व्याप्त हैं तथा गहरी नींद में सुखपूर्वक सो रहे हैं और सपने में ही सारे कार्य कर रहे हैं। माया नाथ की माया को इस जग में कौन जानने वाला है?

जीव सीव सम सुख सयन सपने कुछ करतूति।
जागत दीन मलीन सोइ बिकल बिषाद बिभूति।।

तुलसीदास कहते हैं कि सुख की नींद लेते समय जीव भगवान शिव की तरह होता है, स्वप्न में कार्यो को करता है तथा वह जाग रहा होता है तो दीन मलीन हो जाता है और धन जमा करने के चक्कर में अनेक कष्टों को झेलता हुआ विकल रहता है।

सपने होइ भिखारि नृपु रंकु नाकपति हाइ।
जागे लाभ न हानि कुछ तिमि प्रपंच जियँ जोइ।।

तुलसीदास कहते हैं कि राजा स्वप्न में रंक के समान हो जाता है और जो इंद्र है, वह कंगाल हो जाता है लेकिन जागने पर कोई लाभ- हानि नहीं होता है। इसी दृष्टि से संसार की विषय-वासनाओं को मन की आंखों से देखना चाहिए।

तुलसी देखत अनुभवत सुनत न समुझत नीच।
चपरि चपेटे देत नित केस गहें कर मीच॥

तुलसीदास मनुष्य को हकीकत का बोध कराते हुए कहते हैं कि हे तुच्छ प्राणी! तेरे बाल पकड़कर मृत्यु नित्य ही तेरे को चांटा लगा रही है। यह दृश्य देखकर, सुनकर और महसूस करके भी तुझे वास्तविकता का बोध नहीं होता? अर्थात् शरीर पल-पल घट रहा है और बुढ़ापे की ओर बढ़ रहा है, फिर भी मनुष्य सम्भल नहीं रहा और सांसारिक विषयों में यूं उलझा हुआ है मानो वह अमर हो।

करम खरी कर मोह थल अंक चराचर जाल।
नत गुनत गनि गुनि हनत जगत ज्योतिषी काल॥

तुलसीदास कहते हैं कि संसार में काल रूपी ज्योतिषी हाथ में कर्म की खड़िया लेकर मोह की पटरी पर जीव रूपी अंकों को लिखता है, हिसाब लगाता है, फिर गिन-गिन कर मिटाता है।

कहिबे कहँ रसना रची सुनिबे कहँ किये कान।
धरिबे कहँ चित हित सहित परमारथहि सुजान॥

तुलसीदास कहते हैं कि विधाता ने भगवान का गुणगान करने के लिए जीभ बनाई, भगवान का गुणगान सुनने के लिए कान की रचना की और भगवान के ध्यान में लीन होने के लिए मन बनाया ताकि परमार्थ की सिद्धि हो सके।

ग्यान कहै अग्यान बिनु तम बिनु कहै प्रकास।
निरगुन कहै जो सगुन बिनु सो गुरु तुलसीदास॥

तुलसीदास कहते हैं कि अज्ञान को जाने बिना ज्ञान के विषय में कहना, अन्धकार को जाने बिना प्रकाश के स्वरूप को जानना और सगुण को समझे बिना ही निर्गुण के बारे में एक निश्चित धारणा बना लेना, एक तरह की मूर्खता ही तो है। जो ऐसा सिद्ध कर देगा, वह मेरा गुरु होगा अर्थात् सगुण को जाने बिना निर्गुण का निरूपण नहीं हो सकता।

अंक अगुन आखर सगुन समुझिअ उभय प्रकार।
खोएँ राखें आपु भल तुलसी चारू बिचार॥

तुलसीदास सगुण की महिमा के बारे में बताते हुए कहते हैं कि निर्गुण ब्रह्म अंक की तरह है और सगुण ब्रह्म अक्षर की तरह है। ब्रह्म के इन दोनों नामों को समझें, फिर किससे आपका हित है इस पर विचार करें अर्थात् सगुण व निर्गुण ब्रह्म के ये दो स्वरूप हैं और दोनों एक ही हैं। न तो अंक बदला जा सकता है और न ही अक्षर। अंक को अक्षर में एक ही पढ़ा जाएगा, आपको क्या अच्छा लगता है यह आप जानें।

परमारथ पहिचानि मति लसति बिषयँ लपटानि।
निकसि चिता तें अधजरित मानहुँ सती परानि॥

तुलसीदास कहते हैं कि मोक्ष की सत्यता का बोध हो जाने पर भी विषयों में डूबी बुद्धि यूं जान पड़ती है जैसे चिता से निकलकर भागी हुई अधजली शिव प्रिया सती हो।

सीस उघारन किन कहेउ बरजि रहे प्रिय लोग।
घरहीं सती कहावती जरती नाह बियोग॥

तुलसीदास कहते हैं कि अधजली, चिता से निकल कर भागने वाली ऐसी सती को सिर उघाड़ने के लिए किसी ने भी तो नहीं कहा था। प्रियजन तो उसे रोक ही रहे थे। ठीक तो यह था कि वह विरहाग्नि में यूं ही तपती-जलती रहती और घर ही में सती कहलाती। कहने का भाव है कि संन्यास का ढोंग रचने से बेहतर है कि गृहस्थ आश्रम में ही रहकर भगवान का भजन-कीर्तन करते रहा जाए।

खरिया खरी कपूर सब उचित न प्रिय तिय त्याग।
कै खरिया मोहि मेलि कै बिमल बिबेक बिराग॥

तुलसीदास स्वयं के बारे में लिखते हुए कहते हैं कि मैंने वैराग्य धारण कर लिया। तब एक दिन पत्नी का दर्शन हो गया। पत्नी मेरी झोली में खरी व कपूर देखते ही बोल पड़ी- 'नाथ, आपकी झोली में कपूर, खरी आदि वस्तुएं हैं तो मेरा त्याग न्याय संगत नहीं है। आप मुझे अपना लीजिए या वास्तविक रूप से संन्यास धारण कर लीजिए। कहने का भाव है कि जब सांसारिक चीजों से वैराग्य हो गया तो फिर झोली, कपूर, खरी, डंडा आदि चीजों के प्रति मोह क्यों? मोह है तो फिर वैराग्य कैसा?

घर कीन्हें घर जात है घर छाँड़े घर जाइ।
तुलसी घर बन बीचहीं राम प्रेम पुर छाइ॥

तुलसीदास कहते हैं कि घरवासी बनने से परलोक छूट जाता है और

संन्यासी बन जाने से घर-गृहस्थी चली जाती है। हे प्राणी! तू तो घर व संन्यास के बीच में ही रह अर्थात् गृहस्थ आश्रम में ही रहते हुए वैरागी की तरह जीवन गुजार।

दिएँ पीठि पाछें लगै सनमुख होत पराइ।
तुलसी संपति छाँह ज्यों लखि दिन बैठि गँवाइ॥

तुलसीदास कहते हैं कि धन-दौलत शरीर की परछाईं की तरह ही है। इस को पीठ दिखाकर चलने से यह पीछे-पीछे चलती है और सामने होकर चलने से भाग जाती है। जो लोग धन की चिंता न कर अपने कर्म को करते हैं, धन उनके पीछे-पीछे ही होता है और जो लोग धन का पीछा करते रहते हैं, धन उनसे दूर-दूर ही रहता है अर्थात् संतोषी ही इस संसार में सदा सुखी रहता है।

तुलसी अद्भुत देवता आसा देवी नाम।
सेएँ सोक समर्पई बिमुख भएँ अभिराम॥

तुलसीदास कहते हैं कि आशा देवी नाम की एक विचित्र देवी है, जिसे मन में जगह देने से दुःख व शोक मिलता है और मन से निकाल देने पर परम सुख की अनुभूति होती है।

सोई सेंवर तेइ सुवा सेवत सदा बसंत॥
तुलसी महिमा मोह की सुनत सराहत संत॥

तुलसीदास कहते हैं कि वही सेमल का वृक्ष है, वही तोते हैं, वे सेमल के फल से अच्छी तरह से वाकिफ हैं कि इसमें रूई के सिवा कुछ नहीं होता, फिर भी बसंत ऋतु में उसी पर उड़ते-मंडराते रहते हैं अर्थात् अंडे की तरह सेमल के वृक्ष को सेते रहते हैं। फल पकता है, चोंच मारते हैं, रूई उड़ जाती है, बेचारे तोतों की सारी मेहनत व्यर्थ जाती है। संसार के लोगों की भी यही गति है। तुलसीदास आगे कहते हैं कि ये सब देखकर संतगण भी मोह की महिमा की प्रशंसा किए बिना नहीं रहते हैं। मोह पर विजय प्राप्त करना ही मोक्ष है।

करत न समुझत झूठ गुन सुनत होत मति रंक।
पारद प्रगट प्रपंचमय सिद्धिउ नाउँ कलंक॥

तुलसीदास लिखते हैं कि धोखा खाने पर भी मनुष्य विषयों के लिए हाथ-पांव मारते रहते हैं और यह तनिक भी नहीं सोचते कि इनमें थोड़ा-सा भी कहीं सुख नहीं है। विषय-वासनाओं के मिथ्या गुणों को सुनते ही उनकी

बुद्धि मारी जाती है, वे विषयों की तरफ भागते चले जाते हैं। साक्षात् पारे के समान यह मिथ्या विषय-सुख है, जिसके शुद्ध होने पर भी उसका नाम कलंक ही है, अर्थात् पारा शुद्ध करने पर भी अपने मारक प्रभाव को नहीं त्यागता है। विषय-सुख भी पारे की तरह ही मारक होता है।

ग्यानी तापस सूर कबि कोबिद गुन आगार।
केहि कै लोभ बिडंबना कीन्हि न एहिं संसार।।

ज्ञानी, तपस्वी, शूरवीर, कवि, पंडित, और गुणवान—इस जगत में ऐसा कोई भी तो नहीं है, जिस का अस्तित्व लोभ ने न मिटा दिया हो।

श्रीमद बक्र न कीन्ह केहि प्रभुता बधिर न काहि।
मृगलोचनि के नैन सर को अस लाग न जाहि।।

तुलसीदास कहते हैं कि धन के मद में कौन टेढ़ा न हो गया और प्रभुता पाकर कौन बहरा न हो गया तथा मृगनयनी मोहक स्त्री के नयन-बाण से कौन न घायल हो गया। इनसे बचना कठिन है। इनसे जो बच गया वही संत है।

ब्यापि रहेउ संसार महुँ माया कटक प्रचंड।
सेनापति कामादि भट दंभ कपट पाषंड।।

इस संसार में माया अपनी सैन्य शक्ति के साथ चारों तरफ व्याप्त है। काम, क्रोध, घमंड, लोभ आदि माया की सेना के सेनाध्यक्ष हैं और दम्भ, कपट, झूठ उसके महायोद्धा हैं। माया सब पर एकछत्र राज्य कर रही है।

तात तीनि अति प्रबल खल काम क्रोध अरु लोभ।
मुनि बिग्यान धाम मन करहिं निमिष महुँ छोभ।।

तुलसीदास कहते हैं कि हे तात! काम, क्रोध और लोभ ये तीन अत्यंत ही शक्तिशाली और दुष्ट हैं। ये ज्ञानवान संत-मुनियों के मन में भी देखते-ही-देखते विषय विकार उत्पन्न कर देते हैं।

लोभ के इच्छा दंभ बल काम कें केवल नारि।
क्रोध कें परूष बचन बल मुनिबर कहहिं बिचारि।।

जो मुनि बुद्धि और विवेक से संपन्न हैं, वे सोच-विचार कर कहते हैं कि लोभ का कारण इच्छा है, दम्भ का कारण शक्ति है, काम का कारण केवल नारी है और क्रोध का कारण कटु व तीखा वचन है। इन विषयों से जो परे है, उसको ये विषय दुखी नहीं करते।

काम क्रोध लोभादि मद प्रबल मोह कै धारि।
तिन्ह महँ अति दारून दुखद मायारूपी नारि।।

तुलसीदास कहते हैं कि काम, क्रोध, लोभ, मद आदि मोह की शक्तिशाली सेना है। इनमें मायारूपी नारी अत्यंत ही दुखदायक है।

काह न पावक जारि सक का न समुद्र समाइ।
का न करै अबला प्रबल केहि जग कालु न खाइ॥

तुलसीदास कहते हैं कि आग क्या चीज जला नहीं सकती और क्या चीज समुद्र में समा नहीं सकती, वैसे ही अबला प्रबल होने पर क्या नहीं नष्ट कर सकती और काल किसे नहीं खा सकता। ये सब काल के समान हैं। इनमें अपार बल है।

जनमपत्रिका बरति कै देखहु मनहिं बिचारि।
दारून बैरी मीचु के बीच बिराजति नारि॥

तुलसीदास कहते हैं कि जन्मपत्रिका को ध्यान से देखकर विचार करो। तुम्हें दिखाई देगा- स्त्री कष्ट दायक शत्रु और मृत्यु के मध्य के स्थान में विराज रही है। जन्मपत्री में छठवाँ घर शत्रु का, आठवाँ मृत्यु का और इनके मध्य, में सातवाँ स्थान स्त्री का होता है। तुलसीदास ने इसी तथ्य की उपमा देते हुए उक्त बातें कही हैं।

दीपसिखा सम जुबति तन मन जनि होसि पतंग।
भजहि राम तजि काम मद करहि सदा सतसंग॥

तुलसीदास कहते हैं कि युवा स्त्री का शरीर दीपक की लौ की तरह है। हे मन! तू पतंग (कीट) मत बन वर्ना उसमें जलकर राख हो जाएगा। काम, मद को छोड़कर सदा प्रभुराम के नाम का भजन कर और हमेशा सत्संग में रह।

काम क्रोध मद लोभ रत गृहासक्त दुखरूप।
ते किमि जानहिं रघुपतिहि मूढ़ परे भव कूप॥

जो व्यक्ति काम, क्रोध, मद, लोभ में लवलीन हैं और जो दुःख-निधि गृह के प्रति आसक्त हैं, भवकूप में कंठ तक डूबे हुए वे मूर्ख भला प्रभु राम को कैसे जान सकते हैं।

ग्रह ग्रहीत पुनि बात तेहि पुनि बीछी मार।
तेइ पिआइअ बारुनी कहहु काह उपचार॥

तुलसीदास कहते हैं कि जो पाप ग्रहों से ग्रस्त हो, जो पिशाच से ग्रस्त हो, जो वायु जनित रोग से दुखी हो और ऊपर से उसे बिच्छू मार दे-इस तरह से भयंकर दुखों से पीड़ित व्यक्ति को अगर शराब पिला दी जाए और कहा जाए कि यह उपचार है, तो कहिए यह कैसा उपचार है?

ताहि कि संपति सगुन सुभ सपनेहुँ मन बिश्राम।
भूत द्रोह रत मोहबस राम बिमुख रति काम॥

तुलसीदास आगे लिखते हैं कि कोई मोहवश भूत प्राणियों में लवलीन है, प्रभु श्रीराम का भजन-कीर्तन नहीं करता है और सांसारिक विषयों में डूबा हुआ है, उसको क्या स्वप्न में भी मन की शांति मिल सकती है या वह क्या स्वप्न में भी शुभकारी शकुन या ईश्वरीय वैभव प्राप्त कर सकता है।

कहत कठिन समुझत कठिन साधत कठिन बिबेक।
होइ घुनाच्छर न्याय जौं पुनि प्रत्यूह अनेक॥

तुलसीदास कहते हैं कि ज्ञान कहने में भी, समझाने में भी और व्यवहार में लाने में भी बहुत कठिन है अगर सद्गुरु की कृपा से ज्ञान प्राप्त हो भी जाता है तो उस ज्ञान को नष्ट करने के लिए अनेक विघ्न-बाधाएं आती रहती हैं।

खल प्रबोध जग सोध मन को निरोध कुल सोध।
करहिं ते फोटक पचि मरहिं सपनेहुँ सुख न सुबोध॥

तुलसीदास कहते हैं कि जो व्यक्ति दुष्टों को सुधारना चाहते हैं, संसार का सुधार करना चाहते हैं, मन को बांधकर रखना चाहते हैं और कुल-खानदान की स्थिति को सुधारना चाहते हैं, वे बेकार में ही कठोर श्रम करते हुए इस संसार से चले जाते हैं और किसी को भी सुधार नहीं पाते हैं। वे लोग स्वप्न में भी सुख नहीं भोग पाते या ईश्वर का बोध उन्हें नहीं हो पाता। सारे प्रपंच को छोड़कर ईश्वर भजन करने में ही मुक्ति है।

कोउ बिश्राम कि पाव तात सहज संतोष बिनु।
चलै कि जल बिनु नाव कोटि जतन पचि पचि मरिए॥

तुलसीदास कहते हैं कि सहज संतोष के बिना व्यक्ति को क्षण-भर भी आराम नहीं मिल सकता है। कोई करोड़ों प्रकार के उपाय करते-करते मर जाए लेकिन जल के बिना सूखी जमीन पर नाव नहीं तैर सकती है।

सुर नर मुनि कोउ नाहिं जेहि न मोह माया प्रबल।
अस बिचारि मन माहिं भजिअ महामाया मतिहि॥

सुर, नर, मुनि में से ऐसा कोई नहीं है, जिसे ईश्वरीय प्रबल माया मुग्ध कर दे। मन में ऐसा विचार कर उस महामाया के पति प्रभु श्रीराम का भजन करना ही श्रेयस्कर है।

एक भरोसो एक बल एक आस बिस्वास।
एक राम घन स्याम हित चातक तुलसीदास॥

तुलसीदास कहते हैं कि एक ही भरोसा है, एक ही बल है, एक ही आशा है और एक ही विश्वास है। यह तुलसी बस राम रूपी श्याम घन के लिए ही चातक बना हुआ है।

जौं घन बरषै समय सिर जौं भरि जनम उदास।
तुलसी या चित चातकहि तऊ तिहारी आस॥

हे राम! चाहे तुम्हारी कृपा उचित समय पर बरसे, चाहे सिर पर बरसे, चाहे जन्म-भर मेरी ओर से उदासीन रहो, चाहे कभी कृपा दृष्टि न करो परन्तु इस तुलसी रूपी चातक के मन को तुम्हारी ही कृपा-दृष्टि की आशा है।

चातक तुलसी के मतें स्वातिहुँ पिऐ न पानि।
प्रेम तृषा बाढ़ति भली घटें घटैगी आनि॥

तुलसीदास कहते हैं कि हे चातक! मेरा तो कहना है कि स्वाति नक्षत्र की बूंदों को भी तू मत पीना क्योंकि प्रेम की तृष्णा का बढ़ते रहना ही सुखकर है, प्रेम तृष्णा के घटने से तो आस्था ही घट जाएगी।

रटंत-रटत रसना लटी तृषा सूखि गे अंग।
तुलसी चातक प्रेम को नित नूतन रुचि रंग॥

अपने प्रिय बादल का नाम लेते-लेते चातक की जीभ लट गई और प्यास की तड़प से सारा शरीर सूख गया, फिर भी चातक का प्रेम तो देखो, नित्य नूतन और सुन्दर ही होता जा रहा है।

चढ़त न चातक चित कबहुँ प्रिय पयोद के दोष।
तुलसी प्रेम पयोधि की ताते नाप न जोख॥

चातक का प्रेम अनन्य है। उसके चित्त में अपने प्रेमी बादल का दोष आता ही नहीं है। तुलसीदास कहते हैं कि प्रेम तो प्रेम है, प्रेम के समुद्र का कोई थाह नहीं हो सकता अर्थात् प्रेम असीम और अथाह है। वियोग पाकर यह और भी अधिक निखर उठता है।

बरषि परूष पाहन पयद पंख करौ टुक-टुक।
तुलसी परी न चाहिए चतुर चातकहि चूक॥

तुलसीदास चातक के प्रेम का वर्णन करते हुए कहते हैं कि बादल ओले बरसा-बरसाकर चातक के पंखों को क्यों न टुकड़े-टुकड़े कर दे, पर चतुर चातक अपने प्रेम का प्रण पूरा करने में कोई चूक नहीं करता।

उपल बरसि गरजत तरजि डारत कुलिस कठोर।
चितव कि चातक मेघ तजि कबहुँ दूसरी ओर॥

बादल गड़गड़ा-गड़गड़ाकर गरजता हुआ ओले की वर्षा करता है और कठोर बिजली भी गिरा देता है लेकिन मजाल कि चातक बादल की ओर से ध्यान हटाकर किसी और को देख तक भी ले। चातक का प्रेम अनन्य है।

पबि पाहन दामिनी गरज झरि झकोर खरि खीझि।
सेष न प्रीतम दोष लखि तुलसी रागहि रीझि।।

तुलसीदास कहते हैं कि बादल वज्र गिराकर, ओले बरसाकर, बिजली गिराकर, गड़गड़ाहट की आवाज कर, मूसलाधार बारिश कर, हंवा के झकोरे देकर अपना गुस्सा प्रकट करता है, फिर भी चातक को बादल में दोष नजर नहीं आता और वह उस पर नाराज भी नहीं होता। उसे तो बादल के इस रोष में भी प्रेम ही नजर आता है और तन-मन से वह उस पर मोहित हो जाता है। ऐसा है चातक का प्रेम।

मान राखिबो माँगियों पिय सों नित नव नेहु।
तुलसी तीनिउ तब फबैं जो चातक मत लेहु।।

तुलसीदास कहते हैं कि स्वाभिमान की रक्षा करना, मांगना और पिया से नेह का प्रतिदिन बढ़ना-ये तीनों तभी फबते हैं जब चातक पक्षी की तरह मन में निष्ठा और आस्था हो।

तुलसी चातक ही फबै मान राखिबो प्रेम।
बक्र बुंद लखि स्वातिहू निदरि निबाहत नेम।।

तुलसीदास कहते हैं कि प्रेम की प्रतिष्ठा की रक्षा करना चातक पक्षी को ही आता है। स्वाति नक्षत्र में भी अगर बूंद, बादल को देखते समय उसके मुंह में तिरछी गिरती है तो उस पर कोई ध्यान न देकर वह बादल को ही देखता रहता है अर्थात् वह प्यासा रहना कबूल करता है पर बादल के प्रति उसका जो प्रेम है, उसमें कोई कमी नहीं करता हैं क्योंकि वह प्रेम को निभाना जानता है।

तुलसी चातक माँगनों एक एक घन दानि।
देत जो भू भाजन लेत जो घूँटक पानि।।

तुलसीदास कहते हैं कि मांगने वाला चातक एक ही है और देने वाला बादल भी एक ही है। चातक और दाता दोनों ही अद्वितीय हैं। बादल इतना बरसता है कि नदी, तालाब सारे पात्र भर जाते हैं लेकिन यह अद्‌भुत चातक सिर्फ एक बूंद ही जल ग्रहण करता है।

तीनि लोक तिहुँ काल जस चातक ही के माथ।
तुलसी जासु न दीनता सुनी दूसरे नाथ।।

तुलसीदास कहते हैं कि तीनों लोकों में और तीनों कालों में यश तो चातक के ही नसीब में है, जिसकी दीनता किसी दूसरे स्वामी ने नहीं सुनी।

प्रीति पपीहा पयद की प्रगट नई पहिचानि।
जाचक जगत कनाउड़ो कियो कनौड़ा दानि॥

तुलसीदास कहते हैं कि चातक और बादल का प्रेम प्रकट रूप में नये अंदाज का है। मांगने वाला किसी से मांगता है तो जगत-भर का कर्जदार हो जाता है, लेकिन इस प्रेमी चातक ने तो बादल को ही अपना कर्जदार बना डाला है।

नहिं जाचत नहिं संग्रही सीस नाइ नहिं लेइ।
ऐसे मनानी मागनेहि को बारिद बिन देइ॥

चातक न तो वाणी से मांगता है, न ही बादल से मांगकर जल को जमा ही करता है और न ही सिर झुकाकर उससे भीख मांगता है। ऐसे प्रेमी चातक को बादल के सिवा दूजा भला कौन दे सकता है।

को को न ज्यायो जगत में जीवन दायक दानि।
भयो कनौड़ो जाचकहि पयद प्रेम पहिचानि॥

तुलसीदास कहते हैं कि संसार में जीवनदायक इस बादल ने किस-किस को अपने जल से नहीं जीवनदान दिया लेकिन बादल चातक के प्रेम की पहचानकर अंततः उसका कर्जदार हो गया।

साधन साँसति सब सहत सबहि सुखद फल लाहु।
तुलसी चातक जलद की रीझि बूझि बुध काहु॥

तुलसीदास कहते हैं कि किसी कार्य की सिद्धि के लिए लोग जो साधना या परिश्रम करते हैं, उसमें सब को ही कष्ट सहना पड़ता है और उसका फल सभी के लिए सुखदायक होता है, परन्तु चातक जैसा प्रेम और बादल जैसी बुद्धि बहुत कम ही लोगों की होती है। प्यास बढ़ने पर चातक का प्रेम और भी बढ़ता ही जाता है और उसके प्रेम की पहचान कर बादल दाता होकर भी उसका ऋणी होना स्वीकार कर लेता है।

चातक जीवन दायकहि जीवन समयँ सुरीति।
तुलसी अलख न लखि परै चातक प्रीति प्रतीति॥

चातक के जीवनदाता बादल के प्रेम की सुरीति उसके जीवन काल में ही नजर आ जाती है, परन्तु एकनिष्ठ प्रेमी चातक का प्रेम और विश्वास तो न जानने वाला और न नजर आने वाला है। उसका अटूट प्रेम व विश्वास तो किसी को दिखता ही नहीं।

जीव चराचर जहँ लगे हैं सब को हित मेह।
तुलसी चातक मन बस्यो घन सों सहज सनेह।।

जगत में जितने भी चराचर जीव हैं, सबका ही भला करने वाला बादल हैं, परंतु सिर्फ चातक के ही मन में उस बादल के प्रति एकनिष्ठ और अटूट प्रेम है।

डोलत बिपुल बिहंग बन पिअत पोखरिन बारि।
सुजस धवल चातक नवल तुही भुवन दस चारि।।

वन में नाना प्रकार के अनेक पक्षी उड़ते-घूमते रहते हैं और पोखरों का पानी पीते हैं लेकिन हे चातक! बस तू ही एक चौदह लोकों में एकदम नया और अद्‌भुत प्रेमी है। तुझ जैसा अनन्य प्रेमी कहीं नहीं है।

मुख मीठे मानस मलिन कोकिल मोर चकोर।
सुजस धवल चातक नवल रह्यो भुवन भरि तोर।।

कोयल, मोर, चकोर, ये तीनों ही पक्षी मुख के तो मीठे होते हैं पर मन के मलीन होते हैं परन्तु हे चातक! संसार-भर में तेरा ही उज्ज्वल यश और नवीन प्रेम फैला हुआ है।

बास बेस बोलनि चलनि मानस मंजु मराल।
तुलसी चातक प्रेम की कीरति बिसद बिसाल।।

तुलसीदास कहते हैं कि हंस का निवास स्थान, वेश, बोली, चाल और मन सभी मनमोहक हैं परन्तु हे चातक! प्रेम की जो तेरी कीर्ति है, वह संसार में सबसे अधिक विशाल और बड़ी है।

प्रेम न परखिअ परूषपन पयद सिखावन एह।
जग कह चातक पातकी ऊसर बरसै मेह।।

तुलसीदास कहते हैं कि संसारी लोग कहते हैं कि चातक पातकी हैं क्योंकि मेघ बंजर भूमि में बरसता है, पर चातक के मुंह में एक बूंद भी नहीं बरसता लेकिन बादल यह शिक्षा देता है कि प्रेम की परख कठोरता से करनी ठीक नहीं अर्थात् चातक पातकी नहीं है, वह तो अनन्य प्रेमी है। उसके प्रेम का मान बादल की कठोरता से दिन पर दिन बढ़ता ही जाता है।

होइ न चातक पात की जीवन दानि न मूढ़।
तुलसी गति प्रहलाद की समझु प्रेम पथ गूढ़।।

तुलसीदास कहते हैं कि न तो चातक पातकी है और न जीवनदाता बादल ही मूढ़ यानी मूर्ख है। प्रेम में ऐसा ही होता है। प्रह्लाद को तो जरा देखो फिर

समझ में आ जाएगा कि प्रेम की राह कितनी गूढ़ है। प्रह्लाद को जाने कितने ही कष्ट सहने पड़े, फिर भगवान नरसिंह अवतरित हुए।

गरज आपनी सबन को गरज करत उर आनि।
तुलसी चातक चतुर भो जाचक जानि सुदानि॥

तुलसीदास कहते हैं कि सबको ही अपने-अपने स्वार्थ की चिंता होती है और उसी स्वार्थ को हृदय में धरकर सब लोगों से प्रार्थना करते-फिरते हैं परन्तु चतुर चातक तो बस एक बादल को ही सर्वश्रेष्ठ दाता मानकर उसी की आस में जीवित रहता है।

चरग चंगु गत चातकहि नेम प्रेम की पीर।
तुलसी परबस हाड़ पर परिहैं पुहुमी नीर॥

तुलसीदास कहते हैं कि बाज के चंगुल में आने पर चातक को अपने प्रेम के नियम के भंग होने का दुःख होता है कि बाज द्वारा मृत्यु को प्राप्त हो जाने पर मेरी हड्डियाँ और पंख स्वाति नक्षत्र के जल में न पड़कर साधारण जल में जा पड़ेंगे।

बाध्यो बधिक पर्‌यो पुन्य जल उलटि उठाई चोंच।
तुलसी खतक प्रेमपट मरतहुँ लगी न खोंच॥

एक बहेलिए ने चातक का वध कर दिया और वह चातक गंगा नदी के जल में जा गिरा लेकिन उस घायल चातक ने चोंच को उलट कर आसमान की तरफ कर लिया। तुलसीदास कहते हैं कि चातक के प्रेम-वस्त्र पर मरते समय भी एक खरोंच नहीं लगी अर्थात् प्रेम की रीति को उसने मरते दम तक निभाया।

अंड फोरि कियो चेटुवा तुष पर्‌यो नीर निहारि।
गहि चंगुल चातक चतुर डार्‌यो बाहिर बारि॥

तुलसीदास कहते हैं कि चातक ने अंड़े को फोड़ कर उसमें से अपने बच्चे को निकाला लेकिन उस अंडे के छिलके को पानी में पड़ा देखकर चातक ने फौरन ही छिलके को पंजे से पकड़कर जल से बाहर डाल दिया लेकिन चोंच का प्रयोग नहीं किया। प्रेम की रीति जो निभानी थी।

तुलसी चातक देत सिख सुतहि बारहीं बार।
तात न तर्पन कीजिऐ बिना बारिधर धार॥

तुलसीदास कहते हैं कि चातक अपने पुत्र को बार-बार यही शिक्षा दे रहा है कि हे पुत्र! मैं इहलोक त्याग दूंगा तो मेरा तर्पण स्वाति नक्षत्र के जलधार से ही करना, दूसरे किसी जल से मेरा तर्पण न करना।

जिअत न नाई नारि चाते घन तजि दूसरहि।
सूरसरिहू को बारि मरत न माँगेउ अरध जल।।

तुलसीदास कहते हैं कि जीते-जी चातक ने तो बादल के सिवा और किसी के आगे गर्दन न झुकायी और मरते समय भी गंगाजल में तर्पण करने से मना कर दिया अर्थात् प्रेम के आगे मोक्ष का भी तिरस्कार कर दिया।

सुनु रे तुलसीदास प्यास पपीहहि प्रेम की।
परिहरि चारिउ मास जो अँचवै जल स्वाति को।।

तुलसीदास कहते हैं कि पपीहे को तो केवल प्रेम की ही प्यास है। वह अनन्य प्रेमी पपीहा, बरसात के चारों माह के जल को छोड़कर सिर्फ स्वाति नक्षत्र के जल का ही पान करता है।

जाचै बारह मास पिऐ पपीहा स्वाति जल।
जान्यो तुलसीदास जोगवत नेहि नेह मन।।

पपीहा बारहों मास 'पिउ-पिउ' की आवाज कर मेघ से जल मांगता रहता है, लेकिन वह स्वाति नक्षत्र के जल का ही पान करता है। तुलसीदास कहते हैं कि मैंने तो यही जाना है कि पपीहा 'पिउ-पिउ' की आवाज लगाकर प्रेमी बादल का मान रखता है ताकि बादल यह न कहे कि तू प्यास लगने पर ही याद करता है।

तुलसी के मत चातकहि केवल प्रेम पिआंस।
पिअत स्वाति जल जान जग जाँचत बारह मास।।

चातक को तो सिर्फ प्यार की ही प्यास है जल की नहीं, क्योंकि सभी को पता है कि पपीहा केवल स्वाति-नक्षत्र का जल पीता है और मांगने वाला बना रहता है बारहों महीने।

आलबांल मुकुताहलनि हिय सनेह तरु मूल।
हेइ हंतु चित चातकहि स्वाति सलिलु अनुकूल।।

तुलसीदास कहते हैं कि पपीहे के हृदय रूपी मोतियों की बेशकीमती क्यारियों में प्रेम के वृक्षों की जड़ें लगी हैं। भगवान करे स्वाति-नक्षत्र का जल पपीहे के मन में जो प्रेम है, उसके लिए अनुकूल हो जाए।

उष्न काल अरू देह खिन मग पंथी तन ऊख।
चातक बतियाँ न रुचिं अन जल सींचे रूख।।

गर्मी का मौसम था। पपीहा गर्मी से परेशान उदास मन से रास्ता तय कर रहा था, उसका शरीर बहुत गर्म हो रहा था। अचानक ही सामने पेड़ दिखाई दे गया

तो पपीहे ने सोचा कि जरा छांव में सुस्ता लूं लेकिन अगले ही पल यह ख्याल आया कि यह वृक्ष तो साधारण जल से ही सींचा हुआ है तो फिर चातक थके पांव और गर्म शरीर से आगे बढ़ता ही चला गया। ऐसा है चातक का प्रेम।

अन जल सीचें रूख की छाया तें बरु घाम।
तुलसी चातक बहुत हैं यह प्रबीन को काम॥

तुलसीदास कहते हैं कि संसार में वैसे तो चातक की तरह अपने प्रेम को बताने वाले बहुत हैं, पर स्वाति-जल से न सींचे होकर किसी दूसरे जल से सींचे वृक्ष को जानकर उस वृक्ष की छाया से धूप को भली मानना तो चतुर चातक का ही काम है। भला ऐसा त्याग कौन कर सकता है?

एक अंग जो सनेहता निसि दिन चातक नेह।
तुलसी जासों हित लगै वहि अहार वहि देह॥

तुलसीदास कहते हैं कि जो रात-दिन का प्रेम है, वही एकनिष्ठ प्रेम है जिसके हृदय से लग जाता है, वही उसका भोजन हो जाता है, वही उसकी देह हो जाती है और वह सुधबुध खोकर उसमें ही लीन रहता है।

बिबि रसना तनु स्याम हैं बंक चलनि बिष खानि।
तुलसी जस श्रवननि सुन्यो सीस समरप्यो आनि॥

तुलसीदास कहते हैं कि जिसकी दो जीभ हैं, शरीर काला है, टेढ़ी-मेढ़ी चाल है और जो विष की खान है, वह सांप भी अपने कानों से अपनी बड़ाई सुनकर अपना सिर समर्पित कर देता है।

आपु ब्याध को रूप धरि कुहौ कुरंगहि राग।
तुलसी जो मृग मन मुरै परै प्रेम पट दाग॥

तुलसीदास कहते हैं कि वीणा की मीठी धुन खुद क्यों न आखेटक का रूप धरकर हिरण का वध कर दे पर धुन के प्रति उसका प्रेम कम नहीं होता है। कहने का भाव है कि अगर हिरण का मन धुन की तरफ से मुड़ जाए या उसे धुन से विरक्ति हो जाए तो फिर प्रेम-वस्त्र पर दाग न लग जाए अर्थात् प्रेम महत्त्वहीन न हो जाए।

तुलसी मनि निज दुति फनिहि ब्याधहि देउ दिखाइ।
बिछुरत होइ न आँधरो ताते प्रेम न जाइ॥

तुलसीदास कहते हैं कि मणि के लालच से सांप का वध करने के लिए आए हुए आखेटक को मणि का प्रकाश सांप को दिखला दे और आखेटक उस प्रकाश की मदद से भले ही सांप का वध कर दे, पर क्या इससे मणि

के प्रति जो सांप का प्रेम है, वह घट जाता है? उसका प्रेम और बढ़ जाता है और वह मणि के विरह में अपनी आंखें खो बैठता है तथा मणि के प्रति उसका प्रेम जरा-सा भी कम नहीं होता है।

जरत तुहिन लखि बनज बन रबि दै पीठि पराउ।
उदय बिकस अथवत सकुच मिटै न सहज सुभाउ।।

तुलसीदास कहते हैं कि कमलों के वन को शीतलहर से झुलसते हुए देखकर भले ही सूर्य उन को पीठ दिखाकर भाग जाए लेकिन सूर्योदय होते ही कमलों का खिल जाना तथा डूबते ही सिकुड़ जाना उनका यह सहज स्वभाव जरा-सा भी नष्ट नहीं होता है। सूर्य के प्रति उनका यह प्रेम अद्वितीय है।

देउ आपनें हाथ जल मीनहि माहुर घोरि।
तुलसी जिऐ जो बारि बिनु तौ तु देहि कबि खोरि।।

तुलसीदास कहते हैं कि जल अपने हाथ से जहर घोल कर क्यों न मछलियों को दे दे लेकिन जल के बिना मछलियां जिंदा रह जाएं तो तुम कवियों को गलत ठहरा सकते हो अर्थात् कह सकते हो कि कवियों ने सच्ची नहीं, मिथ्या कल्पना की है। जल के प्रति मछली का प्रेम एकनिष्ठ है। उसमें कमी नहीं आ सकती।

मकर उरग दादुर कमठ जल जीवन जल गेह।
तुलसी एकै मीन को है साँचिलो सनेह।।

मगरमच्छ, सांप, मेंढक, कछुए आदि जल में रहने वाले जीवों का जल ही जीवन है और जल ही उनका निवास स्थान भी है लेकिन एक मछली ही है, जिसका जल के साथ सच्चा स्नेह है।

तुलसी मिटे न मरि मिटेहुँ साँचो सहज सनेह।
मोरसिखा बिनु मूरिहूँ पलुहत गरजत मेह।।

तुलसीदास कहते हैं कि सच्चा और सहज प्रेम मर मिटने पर भी नहीं मिटता है। आसमान में गर्जना होते ही बादल से प्रेम करने वाली मोर शिखा जड़ी जड़ हीन होने पर भी पनप उठती है।

सुलभ प्रीति प्रीतम सबै कहत करत सब कोइ।
तुलसी मीन पुनीत ते त्रिभुवन बड़ो न कोई।।

सभी कहते हैं कि प्रेम और प्रियतम दोनों ही सुलभ हैं और सभी ऐसा ही करते हैं अर्थात् किसी से प्रेम कर उसे प्रियतम बना लेते हैं लेकिन तुलसीदास कहते हैं कि मछली जैसा पवित्र प्रेम तीनों लोकों में भी किसी का

नहीं है। उसका प्रेम निःस्वार्थ भावना से ओत-प्रोत है। जल के विरह में तड़प-तड़पकर वह प्राण त्याग देती है। दूसरा कोई जीव अपने प्रियतम से बिछुड़कर ऐसा नहीं करता है।

तुलसी जप तप नेम ब्रत सब सबहीं तें होइ।
लहै बड़ाई देवता, इष्टदेव जब होइ।।

तुलसीदास कहते हैं कि जप, तप, नेम, व्रत आदि सभी करते हैं लेकिन व्यक्ति की प्रशंसा तब होती है, जब वह अपने इष्ट-देव के प्रति एक निष्ठ भाव रखने लगता है।

कुदिन हितू सो हित सुदिन हित अनहित किन होई।
लससि छबि हर रबि सदन तउ मित्र कहित सब कोइ।।

तुलसीदास कहते हैं कि अच्छे दिनों में कोई हित या अनहित कुछ भी क्यों न हो, कोई महत्त्व नहीं रखता। बुरे दिनों में जो मित्र होता है, वही सच्चा मित्र होता है और उसका ही महत्त्व होता है। सूर्य अपने घर में अमावस की रात चन्द्रमा की चमक व सौंदर्य दोनों ही चुरा लेता है, तब भी सब उसे चन्द्रमा का मित्र ही कहा करते हैं क्योंकि चन्द्रमा सूर्य के प्रकाश से ही प्रकाशित होता है।

कै लघुकै बड़ मीत भल सम सनेह दुख सोइ।
तुलसीदास ज्यों घृत मधु सरिस मिलें महाबिष होइ।।

तुलसीदास कहते हैं कि या तो मित्र स्वयं से छोटा हो या स्वयं से बड़ा हो तभी भला है, बराबरी का तो प्रेम भी कष्टदायक होता है, जैसे घी व मधु बराबर मात्रा में मिलने पर महाविष बन जाते हैं।

मान्य मीत सों सुख चहैं सो न छुऐ छल छाँह।
ससि त्रिसंकु कैकइ गति लखि तुलसी मन माँह।।

कोई अपने अभीष्ट मित्र से सुख चाहता है तो उसे चन्द्रमा, त्रिशंकु और कैकेयी की दशा को देखकर छल की छाया को भी नहीं छूना चाहिए अन्यथा उसकी वही दशा होगी जो दशा छल करने के कारण चन्द्रमा, त्रिशंकु और कैकेयी की हुई।

कहिअ कठिन कृत कोमलहुँ हित हठि होइ सहाइ।
पलक पानि पर ओड़िअत समुझि कुघाइ सुघाइ।।

सच्चा शुभचिंतक वही है, जो कठिन, साधारण या नरम कैसा भी कार्य पड़ने पर स्वयं बिना किसी आग्रह के जिद करके मदद करे। तुलसीदास आगे कहते हैं कि जैसे आंखों पर कोई हल्का-सा झटका होते देखकर पलकें बंद

हो जाती हैं और शरीर पर किसी चीज की चोट होते हुए देखकर हाथों से शरीर को ढक लिया जाता है, मित्र का स्वभाव ऐसा ही होना चाहिए। मित्र मुसीबत में हो तो वह खुद-ब-खुद ही उसकी सहायता के लिए आगे आ जाए।

तुलसी बैर सनेह दोउ रहित बिलोचन चारि।
सुरा सेवरा आदरहिं निंदहि सुरसरि बारि॥

तुलसीदास कहते हैं कि बैर और प्रेम ये दोनों चारों आंखों से रहित अंधे होते हैं अर्थात् अंतर्दृष्टि और बाह्य दृष्टि से ये काम नहीं लेते हैं। शत्रु को अपने प्रतिद्वंद्वी में अच्छाई नहीं दिखती और न ही प्रेमी को अपने प्रेम में कोई खोट नजर आता है, जैसे वाममार्गी साधक निंदनीय व त्याज्य शराब का आदर करते हैं और गंगाजल की निंदा करते हैं।

रूचै मागनेहि मागिबो तुलसी दानिहि दानु।
आलस अनख न आचरज प्रेम पिहानी जानु॥

भिक्षुक को भिक्षा मांगना और दाता को दान देना शोभा देता है, मांगने और देने में न तो दोनों को आलस्य आता है, न खीझ आती है और न ही अचरज होता है, क्योंकि प्रेम को ही इन सब बातों का पिहानी अर्थात् ढक्कन जानिए। दाता और भिक्षुक को अपने-अपने कार्यों से सहज प्रेम हो ही जाता है।

अमिअ गारि गारेउ गरल गारि कीन्ह करतार।
प्रेम बैर की जननि जुग जानहिं बुध न गवाँर॥

तुलसीदास कहते हैं कि करतार यानी ब्रह्मा जी ने अमृत और विष को गारि यानी निचोड़कर उस रस से गाली को पैदा किया है। गाली प्रेम और बैर दोनों की जननी है, इस रहस्य को ज्ञानी व्यक्ति जानते हैं, गंवार तो जान ही नहीं सकते।

सदा न जे सुमिरत रहहिं मिली न कहहिं प्रिय बैन।
ते पै तिन्ह के जाहिं घर जिन्ह के हिएँ न नैन॥

तुलसीदास कहते हैं कि जो लोग न तो कभी स्मरण करते हैं और न ही मुलाकात होने पर प्रिय वचन बोलते हैं, वे उनके ही घर जाते हैं जिनके हिय नैन यानी हृदय में संवेदना नहीं होती और वज्र मूर्ख होते हैं।

हित पुनीत सब स्वारथहिं अरि असुद्ध बिनु चाड़।
निज मुख मानिक सम दसन भूमि परे ते हाड़॥

तुलसीदास कहते हैं कि मनुष्य कितना विचित्र है। जब तक हित है यानी मतलब है तब तक सारी चीजें पवित्र और कल्याणकारी लगती हैं और वही

चीजें काम की न होने पर अपवित्र तथा शत्रु के समान नजर आने लगती हैं, जैसे दांत मुख में होते हैं तब मोतियों की तरह कीमती होते हैं और वही दांत टूट कर जमीन पर गिर पड़ते हैं तब अछूत बन जाते हैं और उनकी कीमत एक तुच्छ हड्डी के समान हो जाती है।

माखी काक उलूक बक दादुर से भए लोग।
भले ते सुक पिक मोरसे कोउ न प्रेम पथ जोग।।

तुलसीदास कहते हैं कि अधिकतर लोग मक्खी, कौए, उल्लू, बगुले, मेंढक के समान अकारण ही नुकसान पहुँचाने वाले, दूसरों की निंदा करने वाले, मल खाने वाले और छलने वाले हो गए हैं और जो थोड़े से अच्छे लोग हैं, वे भी तोते, कोयल और मोर के समान देखने में भले तो हैं, पर उनमें से एक भी प्रेम के पथ पर चलने योग्य नहीं है। शरीर तो सुन्दर है, पर हृदय पाषाण के समान कठोर है।

हृदय कपट बर बेष धरि बचन कहहिं गढ़ि छोलि।
अब के लोग मयूर ज्यों क्यों मिलिए मन खोलि।।

आज के लोग तो मोर के समान हैं, वे भला कैसे मन को खोल कर मिल सकते हैं, उनके मन में तो छल-कपट भरा हुआ होता है। वे सुन्दर वेश बनाकर रहते हैं, मीठे वचन बोलते हैं और अच्छी-अच्छी बातें बनाकर बोलते हैं, पर उनका हृदय साफ नहीं होता है। कहने का भाव है कि लोग जैसे दिखते हैं, वैसे अंदर से होते नहीं हैं।

चरन चोंच लोचन रँगौ चलौ मराली चाल।
छीर नीर बिबरन समय बक उघरत तेहि काल।।

तुलसीदास कहते हैं कि बगुला कितना भी अपने पांव, चोंच तथा आंखों को रंग ले और हंस की चाल चले, पर दूध और जल को अलग-अलग करने की जब बारी आती है, तब बगुले की पहचान हो जाती है कि यह हंस नहीं बल्कि हंस के छद्‌भ वेश में बगुला है।

मिलै जो सरलहि सरल ह्वै कुटिल न सहज बिहाइ।
सो सहेतु जयों बक्र गति ब्याल न बिलहिं समाइ।।

दुष्ट प्रकृति का व्यक्ति अपने सहज स्वभाव का परित्याग नहीं कर सकता। वह किसी सज्जन व्यक्ति से सज्जन बनकर मिलता भी है तो उसका कोई न कोई हित अवश्य ही होता है, हित पूरा होते ही वह दुष्टता दिखाना शुरू कर देता है, जैसे सांप टेढ़ी चाल से बिल में नहीं जा पाता। उसे सीधा होना ही

पड़ता है लेकिन उसकी जो टेढ़ी चाल है वह स्वाभाविक है उसका परित्याग वह नहीं कर सकता।

कृसधन सखहि न देब दुख मुएहुँ न मागब नीच।
तुलसी सज्जन की रहनि पावक पानी बीच॥

तुलसीदास कहते हैं कि सज्जन व्यक्ति की हालत आग और पानी के मध्य में वास करने जैसी होती है। सज्जन का स्वभाव ही ऐसा होता है, वह कम धन वाले मित्र से मांगकर उसे दुखी नहीं कर सकता, क्योंकि इससे उसे आग में जलने के समान कष्ट का अनुभव होता है और वह वैभवशाली नीच व्यक्ति से मौत जैसी विकट परिस्थिति में भी धन नहीं मांग सकता क्योंकि ऐसा करके उसे जल में डूब मरने जैसा अनुभव होता है। कहने का भाव है कि सज्जनों का जीवन अभावों में ही गहन पीड़ा के साथ गुजरता है।

संग सरल कुटिलहि भएँ हरि हर करहिं निबाहु।
ग्रह गनती गनि चतुर बिधि कियो उदर बिनु राहु॥

सज्जन और दुष्ट की संगति को श्री हरि विष्णु और महादेव ही निभाते हैं। ब्रह्मा जी ने जब देखा कि राहु ग्रहों की गिनती में आ गया है तब उन्होंने उसको पेटहीन बना दिया ताकि दुष्ट ग्रह राहु, मित्र ग्रहों का भक्षण न कर सके।

नीच निचाई नहिं तजइ सज्जनहू कें संग।
तुलसी चंदन बिटप बसि बिनु बिस भए न भुअंग॥

सज्जन व्यक्ति की संगति में रहने के बाद भी नीच व्यक्ति अपनी दुष्टता को छोड़ता नहीं है। चंदन के पेड़ों में लिपटे रहने के बाद भी सर्प अपने जहर का त्याग कहां करते हैं।

भलो भलाइहि पै लहइ लहइ निचाइहि नीचु।
सुधा सराहिअ अमरताँ गरल सराहिअ मीचु॥

सज्जन व्यक्ति अपनी सज्जनता से और दुष्ट व्यक्ति अपनी दुष्टता में ही शोभा देता है। अमृत की सराहना उसके अमरत्व के गुणों के कारण होती है और विष की सराहना उसके मारक गुणों के कारण की जाती है अर्थात् अमृत पान करते ही अमरता मिल जाए और विष का पान करते ही मौत मिल जाए तभी वे शोभा देते हैं।

मिथ्या माहुर सज्जनहि खलहि गरल सम साँच।
तुलसी छुअत पराइ ज्यों पारद पावक आँच॥

तुलसीदास कहते हैं कि किसी भी चीज का महत्त्व व्यक्ति विशेष के

आधार पर होता है जैसे सज्जनों के लिए झूठ यानी असत्य जहर के समान होता है और दुष्टों के लिए सत्य विष के समान होता है। सज्जन झूठ का और दुष्ट सत्य का स्पर्श करते ही ऐसे भाग खड़े होते हैं जैसे आग के संपर्क में आते ही पारा नष्ट हो जाता है अर्थात् उड़ जाता है।

संत संग अपबर्ग कर कामी भव कर पंथ।
कहहिं संत कबि कोबिद श्रुति पुरान सदग्रंथ।।

सज्जनों का साथ छूटने का तथा कामी का साथ भवबंधन में पड़ने का रास्ता है। इस बात को सज्जन, कवि, योगी, ज्ञानी और वेद, पुराण तथा शास्त्रादि सद्ग्रंथ भी स्वीकार करते हैं।

सुकृत न सुकृति परिहरइ कपट न कपटी नीच।
मरत सिखावन देइ चले गीधराज मारीच।।

तुलसीदास कहते हैं कि सज्जन पुरुष अपनी सज्जनता को, नीच पुरुष अपने कपट को किसी भी हाल में नहीं छोड़ते—गिद्ध राज जटायु व मारीच मरते वक्त यही शिक्षा दे गए हैं। जटायु सीता माता की रक्षा करते हुए मरा और मारीच राम की आवाज में लक्ष्मण कहकर मरा! एक परमार्थ करते हुए मरा और दूसरा मरते समय भी सीता-राम को धोखा दे गया। यह सब स्वभाव के कारण ही हुआ।

सुजन सुतरू बन ऊख सम खल टंकिका रूखान।
परहित अनहित लागि सब साँसति सहत समान।।

तुलसीदास कहते हैं कि जो सज्जन है, वह कपास के समान लाभदायक, गन्ने के समान रसीला तथा मीठा है और दुष्ट टांकी व रूखानी के समान है, दोनों ही समान रूप से कष्ट उठाते है। यह दिगर बात है कि सज्जन परमार्थ के लिए और दुर्जन दूसरों के बुरे के लिए दुखों को झेलते हैं।

पिअहिं सुमन रस अलि बिटप काटि कोल फल खात।
तुलसी तरुजीवी जुगल सुमति कुमति की बात।।

भौंरा और कोल दोनों ही पेड़ों पर निर्भर होते हैं। भौंरा फूलों का मकरंद पीता है लेकिन फूलों को तोड़ता नहीं है और कोल पेड़ों को काटकर उसका फल खाता है। यह सुमति और कुमति की बात है।

अवसर कौड़ी जो चुकै बहुरि दिएँ का लाख।
दुइज न चंदा देखिए उदौ कहा भरि पाख।।

जो व्यक्ति जरूरत पड़ने पर कौड़ी भी देने में चूक जाए तो फिर बाद में

लाख रुपये देने से भी क्या लाभ? जो होना था, वह तो हो गया। तुलसीदास कहते हैं कि वैसे ही जैसे दूज का चांद न देखा जाए तो फिर पक्ष-भर चंद्रमा निकलता डूबता रहे उससे क्या लाभ?

ग्यान अनभले को सबहि भले भलेहू काउ।
सींग सूंड़ रद लूम नख करत जीव जड़ घाउ।।

अहित व निन्दा करने की समझ तो सभी को है पर भलाई का बोध तो किसी भले मनुष्य को ही होता है। गैंडा, हाथी, सिंह, चांवरी गाय, बंदर आदि जीव अपने सींग, सूंड, दांत, पूंछ, नाखून आदि से जख्म ही देते हैं, अच्छा करना इन्हें नहीं आता है।

तुलसी जग जीवन अहित कतहुँ कोउ हित जानि।
सोषक भानु कृसानु महि पवन एक घन दानि।।

तुलसीदास कहते हैं कि दुनिया में जीवों का अमंगल करने वालों की कमी नहीं है यानी वे असंख्य हैं लेकिन उनका भला करने वाले कोई एक-दो व्यक्ति ही हैं। सूर्य, अग्नि, पृथ्वी, पवन-ये सभी जल को सोखने वाले ही हैं और जल को देने वाला या जल की बारिश करने वाला तो बस एक मेघ ही है।

सुनिअ सुधा देखिअहिं गरल सब करतूति कराल।
जहँ तहँ काक उलूक बक मानस सकृत मराल।।

तुलसीदास कहते हैं कि अमृत तो केवल सुनने में आता है कि अमृत होता है लेकिन विष तो हर जगह नजर आ जाता है। विधाता के सारे कर्म अद्भुत और विशाल हैं। कौए, उल्लू, बगुले जहाँ-तहाँ देखने को मिल जाते हैं परन्तु हंस तो मानसरोवर में ही नजर आते हैं अर्थात् दुष्ट प्रकृति के जीव हर जगह मिल जाते हैं पर सज्जन तो बड़ी मुश्किल से सत्संग में ही मिलते हैं।

जलचर थलचर गगनचर देव दनुज नर नाग।
उत्तम मध्यम अधम खल दस गुन बढ़त बिभाग।।

जल में रहने वाले, धरती पर रहने वाले तथा आसमान में उड़ने वाले जीवों और देव, दनुज, मनुष्य, नाग इन योनियों में उत्तम से मध्यम दस गुने, मध्यम से अधम दस गुने तथा अधम से नीच दस गुने हैं अर्थात् उत्तम गिनती के ही हैं।

बलि मिस देखे देवता कर मिस मानव देव।
मुए मार सुबिचार हंत स्वारथ साधन एव।।

तुलसीदास कहते हैं कि बलिदान के बहाने देवताओं को देख लिया तथा राज्यकर के बहाने राजाओं को जान लिया। ये दोनों ही महास्वार्थी और

संवेदनहीन हैं तथा मरे हुए अर्थात् पहले से सताए हुए कमजोर लोगों को ही मारने वाले हैं। इनमें इंसानियत नाम की कोई चीज नहीं है।

सुजन भल पोच पथ पापि न परखइ भेद।
करमनास सुरसरित मिस बिधि निषेध बद बेद॥

तुलसीदास कहते हैं कि कर्मनाशा तथा गंगा जी का नाम लेकर वेद विधि और निषेध दोनों तरह के कर्मकाडों का ज्ञान देते हैं। कर्मनाशा में स्नान करने से वेद मना करते हैं तथा गंगाजी में नहाने की सलाह देते हैं। जो सद्पुरुष हैं वे अपने भले के लिए वेद की सलाह को मानते हैं लेकिन जो दुष्ट प्रकृति के व्यक्ति हैं, वे इस मर्म को नहीं मानते हैं या समझने की कोशिश तक भी नहीं करते हैं।

मनि भाजन मधु पारई पूरन अमी निहारि।
का छाँड़िअ का संग्रहिअ कहहु बिबेक बिचारि॥

तुलसीदास कहते हैं कि मदिरा से भरे हुए बर्तन तथा अमृत से भरे हुए मिट्टी के बर्तन में से किस का त्याग और किसको ग्रहण करना चाहिए, इस बारे में चिंतन-मनन करो। कहने का भाव है कि मणियुक्त बर्तन में शराब भरी हुई है फिर भी वह त्याज्य है और मिट्टी के बर्तन में अमृत है तो वह अमृत होने के कारण योग्य है।

उत्तम मध्यम नीच गति पाहन सिकता पानि।
प्रीति परिच्छा तिहुन की बैर बितिक्रम जानि॥

प्रेम की परीक्षा में उत्तम, मध्यम, नीच-इन तीनों के स्थान क्रमशः पत्थर, रेत, तथा जल की तरह हैं अर्थात् उत्तम पुरुष का प्रेम शाश्वत होता है, मध्यम पुरुष का प्रेम गहरा नहीं होता है तथा नीच पुरुष का प्रेम क्षणिक होता है लेकिन शत्रुता इसके ठीक उल्टी होती है।

पुन्य प्रीति पति प्रापतिउ परमारथ पथ पाँच।
लहहिं सुजन परिहरहिं खल सुनहु सिखावन साँच॥

तुलसीदास कहते हैं कि पुण्य, प्रेम, प्रतिष्ठा, मोक्ष और परमार्थ का मार्ग-इन पांचों को सज्जन गण सप्रेम ग्रहण करते हैं लेकिन दुर्जन इन पाचों से दूर ही रहते हैं। इस सत्य वचन का ज्ञान सभी को होना चाहिए। दुष्टों के पास अमृत तुल्य ये पांच बातें नहीं होतीं।

नीच निरादरहीं सुखद आदर सुखद बिसाल।
कदरी बदरी बिटप गति पेखहु पनस रसाल॥

जो नीच प्रकृति के मनुष्य हैं, वे दूसरों का निरादर करने से और सज्जन व्यक्ति आदर करने से सुख का अनुभव करते हैं। केला, बेर, कटहल और आम के वृक्षों की गति देखो-केला तथा बेर काटने पर फलते हैं परन्तु कटहल और आम बहुत सेवा करने पर बड़ी मुश्किल से फल देते हैं।

तुलसी अपनो आचरन भलो न लागत कासु।
तेहि न बसात जो खात नित लहसुनहू को बासु।।

तुलसीदास कहते हैं कि अपना व्यवहार सबको ही ठीक लगता है। जो प्रतिदिन लहसुन का सेवन करता है, उसको लहसुन की दुर्गंध का बोध नहीं होता।

बुध सो बिबेकी बिमलमति जिन्ह कें रोष न राग।
सुहृद सराहत साधु जेहि तुलसी ताको भाग।।

तुलसीदास कहते हैं कि वे व्यक्ति शुद्ध बुद्धि वाले, विवेकवान और बुद्धिमान हैं, जिनका न तो किसी से ईर्ष्या-द्वेष है और न ही किसी को लेकर आसक्ति ही है परन्तु साधु व्यक्ति जिनकी सराहना हृदय से करते हैं, वे अत्यंत ही सौभाग्यशाली हैं।

आपु आपु कहँ सब भलो अपने कहँ कोइ कोइ।
तुलसी सब कहँ जो भलो सुजन सराहिअ सोइ।।

तुलसीदास कहते हैं कि अपने आप के लिए हर व्यक्ति अच्छा होता है और हर व्यक्ति अपने हित का कार्य करता है। विरले ही लोग हैं, जो अपने सगे-संबंधियों या मित्र-बान्धवों के हित के बारे में सोचते हैं, ऐसे सहृदय व्यक्ति की ही साधुजन सराहना करते हैं।

तुलसी भलो सुसंग तें पोच कुसंगति सोइ।
नाउ किंनरी तीर असि लोह बिलोकहु लोइ।।

सत्संग से व्यक्ति अच्छा और कुसंगति से बुरा हो जाता है। हे मनुष्यों! ध्यान से देखो, जो लोहा नाव में लग जाने से नाव का गुण ग्रहणकर सब को पार उतारने वाला और सितार में लग जाने से सितार का गुण ग्रहण कर मधुर संगीत सुनाने वाला बन जाता है, वही लोहा तलवार व तीर के रूप में प्राणियों के लिए जानलेवा साबित होता है।

गुरु संगति गुरु होइ सो लघु संगति लघु नाम।
चार पदारथ में गनैं नरक द्वारहू काम।।

सुसंगति से व्यक्ति का कद बड़ा हो जाता है और कुसंगति से व्यक्ति का

कद छोटा हो जाता है। अर्थ, धर्म, मोक्ष के साथ रहने से नरक के द्वार, काम की भी गिनती चार पदार्थों में होती है। संगति की महिमा बहुत बड़ी है।

तुलसी गुरु लघुता लहत लघु संगति परिनाम।
देवी देव पुकारिअत नीच नारि नर नाम।।

तुलसीदास कहते हैं कि संगति के प्रभाव से बड़े व्यक्ति भी नीचता को प्राप्त हो जाते हैं। नीच स्त्री–पुरुष देवी–देवताओं के नाम से पुकारे जाते हैं तो देवी–देवता भी नीचता से ही पुकारे जाते हैं।

तुलसी किएँ कुसंग थिति होहिं दाहिने बाम।
कहि सुनि सकुचिअ सूम खल गत हरि संकर नाम।।

बुरी सोहबत में अच्छे भी बुरे हो जाते हैं। हरि, शंकर आदि नाम कृपण व दुष्ट व्यक्तियों के रख दिए जाते हैं तो लोग उन नामों को लेने में संकोच करते हैं।

बसि कुसंग चह सुजनता ताकी आस निरास।
तीरथहू को नाम भो गया मगह के पास।।

तुलसीदास कहते हैं कि जो व्यक्ति कुसंगति में रहकर सज्जनता की उम्मीद करता है, उसे निराशा ही मिलने वाली है। मगध के पड़ोस में बसने से पवित्र विष्णु पद तीर्थ का नाम भी 'गया' पड़ गया।

राम कृपा तुलसी सुलभ गंगा सुसंग समान।
जो जल परै जो जन मिलै कीजै आपु समान।।

तुलसीदास कहते हैं कि गंगा जी और सत्संगति में कोई अंतर नहीं है, दोनों एक जैसे हैं। गंगाजी में कैसा भी अपवित्र जल पड़े और सत्संगति में कितना भी दुष्ट व्यक्ति जाए, ये दोनों उन्हें स्वयं में घोल लेते हैं। न तो जल की अपवित्रता रह जाती है और न दुष्ट की दुष्टता लेकिन यह राम कृपा के बिना सुलभ नहीं होने वाला।

ग्रह भेषज जल पवन पट पाइ कुजोग सुजोग।
होहिं कुबस्तु सुबस्तु जग लखहिं सुलच्छन लोग।।

तुलसीदास कहते हैं कि ग्रह, औषधि, जल ,वायु तथा वस्त्र–ये सब संगति–कुसंगति के अनुसार अच्छे या बुरे बन जाते हैं। इस गूढ़ तथ्य को अच्छे गुणों वाले ज्ञानी व बुद्धिमान लोग ही समझ सकते हैं।

जनम जोग में जानिअत जग बिचित्र गति देखि।
तुलसी आखर अंक रस रंग बिभेद बिसेषि।।

तुलसीदास कहते हैं कि जैसे अक्षर, अंक, रस और रंग में परस्पर संयोग के अंतर से विशेष भेद हो जाता है, वैसे ही मनुष्य की जन्मपत्री में अलग-अलग ग्रहों का योग होता है, उसी की स्थिति को देखकर संसार की दशा का अनुमान लगाया जाता है।

आखर जोरि बिचार करु सुमति अंक लिखि लेखु।
जोग कुजोग सुजोग मय जग गति समुझि बिसेषु॥

तुलसीदास कहते हैं कि अक्षरों को जोड़कर विचार करो और हे बुद्धिमान! अंकों को लिखकर हिसाब करो, फिर तुम्हें पता चल जाएगा कि संसार के दशा-योग से बुरे योग तथा अच्छे योग हो जाते हैं, जैसे 1 के बाद शून्य लगाने पर 10 तथा 1 से पहले शून्य लगाने पर महत्त्वहीन रह जाता है। कर्म के पहले (अ) जोड़ने से अकर्म तथा अकर्म के आगे 'हीन' जोड़ देने से अकर्महीन हो जाता है यानी अकर्म रहित। इसी प्रकार से कुयोग-सुयोग से संसार में मनुष्य अच्छा-बुरा हो जाया करता है।

करु बिचार चलु सुपथ भल आदि मध्य परिनाम।
उलटि जपें 'जारा मरा' सूधें 'राजा राम'॥

तुलसीदास कहते हैं कि विचार करो और अच्छे मार्ग पर चलो। इससे प्रारंभ, मध्य और अंत में अच्छा ही अच्छा होगा। बिना ध्यान के उल्टा जपने से जो शब्द 'जारा' और 'मरा' हो जाता है, वही प्रेमपूर्वक जपने से 'राजा राम' हो जाता है, जो सर्वजन हितकारी है।

होइ भले कें अनभलो होइ दानि कें सूम।
होइ कपूत सपूत कें ज्यों पावक में धूम॥

जैसे प्रज्ज्वलित अग्नि से काला धुआं निकलता है, वैसे ही भले का बुरा, दानी का कृपण और सपूत का कपूत पैदा हो जाता है। संसार का यही नियम है, भले का भला ही हो, यह नियम नहीं है।

जड़ चेतन गुन दोष मय बिस्व कीन्ह करतार।
संत हंस गुन गहहिं पय परिहरि बारि बिकार॥

तुलसीदास कहते हैं कि करतार यानी विधाता ने इस जड़-चेतनमय जगत को गुण-अवगुण से युक्त बनाया है लेकिन हंस के स्वभाव वाले जो सत्पुरुष हैं वे गुण रूपी दूध को ग्रहण कर लेते हैं और विकार रूपी जल को यूं ही छोड़ देते हैं।

पाट कीट तें होइ तेहि तें पाटंबर रुचिर।
कृमि पालइ सबु कोइ परम अपावन प्रान सम॥

रेशम कीड़े से उत्पन्न होता है, जिससे खूबसूरत वस्त्र बनते हैं। परम अपावन जीव होने पर भी लोग लालचवश इन कीड़ों को अपने प्राण के समान पालते हैं।

जो जो जेहिं जेहिं रस मगन तहँ सो मुदित मन मानि।
रसगुन दोष बिचारिबो रसिक रिति पहिचानि॥

तुलसीदास कहते हैं कि जो-जो जिस-जिस रस में मग्न होता है, वह उससे ही तृप्त होकर खुश रहता है लेकिन रस के गुण-अवगुण की पहचान करना तो रसिक मिजाज लोगों का ही काम है।

सम प्रकास तम पाख दुहूँ नाम भेद बिधि कीन्ह।
ससि सोषक पोषक समुझि जग जस अपजस दीन्ह॥

तुलसीदास कहते हैं कि शुक्ल और कृष्ण दोनों पक्षों में प्रकाश और अंधेरा सम यानी बराबर होता है, फिर भी विधाता ने उनके नाम में अंतर कर दिया है। शुक्ल पक्ष में चंद्रमा की कलाएं बढ़ती हैं, इसलिए इस पक्ष को चंद्रमा का पोषक मानकर इसे संसार में यश मिला यानी शुभदायक माना गया। कृष्ण पक्ष को चंद्रमा का शोषक मानकर अपयश दिया गया यानी कृष्ण पक्ष को अशुभदायक माना गया।

लोक बेदहू लौं दगो नाम भले को पोच।
धर्मराज जम गाज पबि कहत सकोच न सोच॥

संसार तथा वेदों में भी अच्छे को बुरा नाम दिया गया है। लोग धर्मराज को बेधड़क यम कहते हैं और बिजली को बज्र कहने में जरा-सा नहीं झिझकते हैं।

बिरुचि परखिऐ सुजन जन राखि परखिए मंद।
बड़वानल सोषत उदधि हरष बढ़ावत चंद॥

बिना रुचि के ही सज्जनों की पहचान हो जाती है, उनके मृदुल स्वभाव से और उनकी उदारता से सहज रूप में ही, उनको कोई भी परख लेता है लेकिन जो दुर्जन हैं, उनको जानने के लिए उनके साथ रहना पड़ता है। बड़वानल समुद्र के साथ काफी समय तक रहने के बाद उसके जल को सोखता है लेकिन चंद्रमा दिखाई देते ही समुद्र की प्रसन्नता को बढ़ा देता है।

प्रभु सनमुख भएँ नीच नर होत निपट बिकराल।
रबिरूख लखि दरपन फटिक उगिलत ज्वालाजाल॥

तुलसीदास कहते हैं कि स्वामी का सहज स्वभाव होने पर दुष्ट प्रकृति के व्यक्ति दम्भ से भरकर खतरनाक बन जाते हैं, जैसे दर्पन और स्फटिक सूर्य को अपनी परफ देखकर आग उगलने लगते हैं।

प्रभु समीप गत सुजन जन होत सुखद सुबिचार।
लवन जलधि जीवन जलद बरषत सुधा सुबारि॥

तुलसीदास कहते हैं कि स्वामी को अपने करीब देखकर सज्जन पुरुष और भी अधिक सज्जनता से सुशोभित हो जाते हैं और सबके लिए सुखदायक हो जाते हैं, इस विचार को मन में ठीक से बैठा लो। बादल समुद्र के खारे जल से बनते हैं लेकिन जब बरसते हैं तब उनका जल खारा नहीं बल्कि अमृत तुल्य और मीठा होता है।

नीच निरावहिं निरस तरु तुलसी सींचहिं ऊख।
पोषत पयद समान सब बिष पियूष के रूख॥

तुलसीदास कहते हैं कि दुर्जन नीरस पौधों को खेत से उखाड़कर फेंक देते हैं और रसदार गन्ने को जल देकर सेवा करते हैं लेकिन सज्जन रूपी बादल ऐसा नहीं करता है। वह बरसता है तो विष और अमृत दोनो तरह के पौधों और वृक्षों को समान रूप से मीठा जल देता है।

बरषि बिस्व हरषित करत हरत ताप अघ प्यास।
तुलसी दोष न जलद को जो जल जरै जवास॥

मेघ बरसकर पूरे जगत को हर्षित कर देता है और सबके शरीर की गर्मी तथा प्यास को मिटा देता है। तुलसीदास कहते हैं कि उसके जल से अगर जवासा झुलस जाये तो इसमें मेघ का क्या दोष? वह तो निर्दोष है।

अमर दानि जाचक मरहिं मरि मरि फिरि फिरि लेहिं।
तुलसी जाचक पातकी दातहि दूषन देहिं॥

तुलसीदास कहते हैं कि दानी व्यक्ति हमेशा अमर रहते हैं और मांगने वाले मर जाते हैं तथा बार-बार मरते हैं और बार-बार मांगते हैं। तुलसीदास कहते हैं कि दाता से बार-बार लेने के बाद भी मांगने वाले, उसे सदा दोषी ही ठहराते हैं।

लखि गयंद लै चलत भजि स्वान सुखानो हाड़।
गज गुन मोल अहार बल महिमा जान कि राड़॥

हाथी को आता देखकर कुत्ता सूखी हड्डी लेकर भाग जाता है। उसे इस बात का डर रहता है कि कहीं हाथी उससे इसे छीन न ले। भला वह मूढ़ कुत्ता

हाथी के गुण, कीमत, भोजन और शक्ति की महिमा को क्या जाने? हाथी का भोजन तो हाड़-मांस है ही नहीं।

कै निदरहुँ कै आदरहुँ सिंघहि स्वान सिआर।
हरष बिषाद न केसरिहि कुंजर गंजनिहार॥

तुलसीदास कहते हैं कि कुत्ते और सियार, सिंह का आदर करें या निरादर करें, हाथी का शिकार करने वाले सिंह को इससे कोई हर्ष या शोक नहीं होता। कुत्ते, सियार जैसे छोटे जानवरों पर तो उसका ध्यान कभी जाता ही नहीं है।

ठाढ़ो द्वार न दै सकैं तुलसी जे नर नीच।
निंदहिं बलि हरिचंद को का कियो करन दधीच॥

तुलसीदास कहते हैं कि जो मनुष्य नीच यानी दुष्ट प्रकृति के हैं, वे खुद तो द्वार पर आए भिक्षुक को कुछ दे नहीं सकते, पर बलि और हरिश्चन्द जैसे महापुरुषों की निंदा अवश्य ही करते हैं और यह कहते भी नहीं थकते कि कर्ण और दधीचि ने कौन-सा ऐसा दुर्लभ कार्य किया था।

ईस सीस बिलसत बिमल तुलसी तरल तरंग।
स्वान सरावग के कहें लघुता लहै न गंग॥

तुलसीदास कहते हैं कि जिन गंगाजी की पवित्र तथा तरल लहरें महादेव के माथे पर सुशोभित होती हैं, उन गंगाजी के विषय में कुत्ते और सरावागियों के निंदा करने से उनकी महिमा घट नहीं जाती।

तुलसी देवल देव को लागे लाख करोरि।
काक अभागें हगि भर्‌यो महिमा भई कि थोरि॥

जिस मंदिर को बनवाने में लाखों-करोड़ों की लागत आयी हो, उस मंदिर में कौए के बीट कर देने से उसकी महत्त्वता में कमी थोड़े ही आ जाती है। वह तो देव मंदिर है और देव मंदिर ही रहेगा।

निज गुन घटत न नाग नग परिख परिहरत कोल।
तुलसी प्रभु भूषन किए गुंजा बढ़े न मोल॥

तुलसीदास कहते हैं कि जंगल में रहने वाले कोल-भील गजमुक्ता को पहचानकर यूं ही छोड़ देते हैं, इससे गजमुक्ता मूल्यहीन थोड़े ही हो जाता है और भगवान कृष्ण ने गुंजा को अपना आभूषण बना लिया तो इससे गुंजा का मोल थोड़े ही बढ़ गया, रहा तो वह गुंजा का गुंजा ही।

राकापति षोड़स उअहिं तारा गन समुदाइ।
सकल गिरिन्ह दव लाइअ बिनु रबि राति न जाइ॥

तुलसीदास कहते हैं कि चन्द्रमा अपनी सोलह कलाओं से परिपूर्ण और पूरे तारा मण्डल के साथ आकाश में क्यों न निकल आए और सभी पर्वतों में आग क्यों न जला दी जाए फिर भी सूर्य के बिना रात का अंधेरा नहीं छूटने वाला यानी रात तो सूर्य के उदय होने पर ही जा सकती है। चंद्रमा की इतनी शक्ति नहीं कि रात को दिन में बदल दे।

भलो कहहिं बिनु जानेहूँ बिनु जानें अपबाद।
ते नर गादुर जानि जियँ करिय न हरष बिषाद॥

जो व्यक्ति बिना किसी को जाने-पहचाने अच्छा बताते हैं और बिना जांचे-परखे किसी की बुराई करते हैं, उन व्यक्तियों को चमगादड़ जानकर उनके द्वारा की गई प्रशंसा या निंदा से अपने मन में हर्ष या शोक नहीं करना चाहिए।

पर सुख संपति देखि सुनि जरहिं जे जड़ बिनु आगि।
तुलसी तिन ते भागते चलै भलाई भाग॥

तुलसीदास कहते हैं कि दूसरों के सुख-संपत्ति को देख-सुनकर जो मूर्ख बिना अग्नि के ही जलते हैं, उनका सौभाग्य उनसे रूठ जाता है अर्थात् उनके भाग्य से शुभदायक स्थितियां रूठकर चली जाती हैं अतः निंदा से हर हाल में बचना चाहिए।

तुलसी जे कीरति चहहिं पर की कीरति खोइ।
तिनके मुँह मसि लागिहैं मिटिहि न मरिहै धोइ॥

तुलसीदास कहते हैं कि जो व्यक्ति अपनी कीर्ति चाहते हैं दूसरों की कीर्ति को मिटाकर, उनके मुंह पर ऐसी स्याही लगती है कि मिटाने पर भी नहीं मिटती है।

तनु गुन धन महिमा धरम तेहि बिनु जेहि अभिमान।
तुलसी जिअत बिडंबना परिनामहु गत जान॥

तुलसीदास कहते हैं कि सुन्दर देह, सद्‌गुण, धन, महिमा, धर्म आदि के न होने पर भी जिसको अभिमान हो, उसका अंजाम भी बुरा ही होता है।

सासु ससुर गुरु मातु पितु प्रभु भयो चहै सब कोइ।
होनी दूजी ओर को सुजन सराहिअ सोइ॥

सास, ससुर, गुरु, माता, पिता और स्वामी आदि बनकर सभी जीना चाहते हैं लेकिन जो इसके विपरीत छोटे बनकर रहना चाहते हैं और सबकी सेवा करना चाहते हैं, वही सज्जन व्यक्ति प्रशंसनीय हैं।

सठ सहि साँसति पति लहत सुजन कलेस न कायँ।
गढ़ि गुढ़ि पाहन पूजिऐ गंडक सिला सुभायँ।।

तुलसीदास कहते हैं कि दुर्जन बहुत कष्ट बर्दाश्त करने के बाद मान-सम्मान पाते हैं लेकिन सज्जनों को मान-सम्मान प्राप्त करने में शारीरिक कष्ट नहीं सहना पड़ता है, जैसे पत्थर बहुत गढ़ने के बाद मूर्ति की शक्ल में आता है, पर गंडकी नदी का पत्थर शालीग्राम शिला, बिना गढ़े ही प्राकृतिक रूप से मंदिर में रखकर पूजा जाता है।

बड़े बिबुध दरबार तें भूमि भूप दरबार।
जापक पूजत पेखिअत सहत निरादर भार।।

तुलसीदास कहते हैं कि पृथ्वी के राजाओं के दरबार देवगण के दरबार से भी बड़े हैं क्योंकि पृथ्वी के राजाओं के दरबार में परमात्मा की पूजा और जप करने वालों का भी निरादर होता है, देवगण के दरबार में तो इनको आदर के साथ बैठाकर पूजा जाता है।

बिन प्रपंच छल भीख भलि लहिअ न दिएँ कलेस।
बावन बलि सों छल कियो दियो उचित उपदेस।।

तुलसीदास कहते हैं कि कपट-छल के बिना मिलने वाली भिक्षा ही अच्छी है। किसी से छल कर या किसी को दुख पहुंचाकर भिक्षा नहीं लेनी चाहिए। भगवान वामन ने राजा बलि से छल से भिक्षा ली और सबको यह शिक्षा दी कि छल का सहारा लेकर कोई भी कार्य करना, अधम से भी अधम है। छल से भिक्षा लेने के कारण ही दण्ड स्वरूप भगवान को बलि का द्वारपाल बनना पड़ा।

भलो भले सों छल किएँ जनम कनौड़ो होइ।
श्रीपति सिर तुलसी लसति बलि बावन गति सोइ।

तुलसीदास कहते हैं कि सज्जन व्यक्ति किसी अन्य सज्जन व्यक्ति से छल करता है तो उसे जन्म-भर उसके सामने सिर झुकाकर रहना पड़ता है। श्री हरि विष्णु ने वृंदा के साथ छल किया तो उसकी सजा यह मिली कि वह तुलसी के वेश में श्री हरि विष्णु के सिर पर सुशोभित हुईं और भगवान ने वामन बनकर बलि के साथ छल किया तो उनको भी ऐसी ही सजा मिली। राजा बलि का द्वारपाल बनना पड़ गया।

बिबुध काज बावन बलिहि छलो भलो जिय जानि।
प्रभुता तजि बस भे तदपि मन की गई न गलानि।।

वामन भगवान ने अपने स्वार्थ के लिए नहीं बल्कि देव-कार्य के लिए बलि के साथ छल किया। भगवान तो भगवान हैं, भला इस छल की सजा कैसे नहीं भुगतते? अपनी प्रभुता का त्याग कर बलि के वश में हो गए, फिर भी उनके मन से आत्मग्लानि नहीं गई।

सरल बक्रगति पंच ग्रह चपरि न चितवत काहु।
तुलसी सूधे सूर ससि समय बिडंबित राहु॥

तुलसीदास कहते हैं कि सीधी और वक्र दोनों तरह की गति वाले मंगल, बुध, गुरु, शुक्र, शनि-इन पांच ग्रहों में से किसी एक को भी राहु आंख नहीं दिखाता है, लेकिन सीधी गति वाले सूर्य तथा चन्द्र को वही राहु अवसर पाकर ग्रास लेता है। कहने का भाव है कि सीधे स्वभाव वालों को सभी परेशान करते हैं और टेढ़ों के पास तक भी कोई नहीं जाता।

खल उपकार बिकार फल तुलसी जान जहान।
मेढुक मर्कट बनिक बक कथा सत्य उपखान॥

तुलसीदास कहते हैं कि सारा जहान जानता है कि दुर्जनों का उपकार करने का अंजाम हमेशा ही बुरा होता है। सत्य-उपाख्यान नामक ग्रंथ में वर्णित मेंढक, बन्दर, वनिक और बगुले की कहानियाँ, इसकी साक्षात् मिसाल रही हैं।

तुलसी खल बानि मधुर सुनि सुमुझिअ हियँ हेरि।
राम राज बाधक भई मूढ़ मंथरा चेरि॥

दुष्टों की मधुर वाणी सुनकर अपने हृदय में धर कर अच्छी तरह से सोच-समझकर उसका अर्थ निकालना चाहिए। मूर्ख दासी मंथरा अपनी मीठी वाणी से ही कैकेयी को अपनी तरफ कर राम-राज्य में बाधक हुई।

जोंक सूधि मन कुटिल गति खल बिपरित बिचारु।
अनहित सोनित सोष सो सो हित सोषनहारु॥

तुलसीदास कहते हैं कि जोंक की गति वक्र होती है, पर वह मन से सीधा होता है क्योंकि वह अहितकर खून को ही चूसता है लेकिन दुर्जनों का स्वभाव इसके उल्टा होता है, वे तो दूसरों के हित का ही शोषण करते हैं, जोंक जैसा उनका स्वभाव नहीं होता है।

नीच गुड़ी ज्यों जानिबों सुनि लखि तुलसीदास।
ढीलि दिएँ गिरि करत महि खैंचत चढ़त आकास॥

जो नीच लोग होते हैं, उनको ठीक से देख-सुनकर पतंग की तरह ही समझना चाहिए, जैसे पतंग ढील देने पर धरती पर आ गिरती है और डोर

खींचने पर आसमान की तरफ भागती ही जाती है, वैसे ही दुत्कारने पर नीच स्वभाव के व्यक्ति ठीक रहते हैं और ढील देने पर परेशान करते हैं।

भरदर बरसत कोस सत बचैं जे बूँद बराइ।
तुलसी तेउ खल बचन सर हए गए न पराइ॥

जो व्यक्ति सौ कोस तक बरसती हुई मूसलाधार बारिश में भी बूंदों से बाल-बाल बच जाते हैं, वे भी दुष्टों के वचन-बाणों की मार से नहीं बच पाते हैं अर्थात् दुर्जनों की चुगली से या उनकी दुष्टता से कोई भी नहीं बच सकता।

पेरत कोल्हू मेलि तिल तिली सनेही जानी।
देखि प्रीति की रीति यह अब देखिबी रिसानि॥

तुलसीदास कहते हैं कि यह पता होने पर भी कि तिल में स्नेही तेल है, लोग उसे कोल्हू में डालकर पेरते हैं। यह तो प्रीति की रीति देखी, अब क्रोध की रीति देखनी है अर्थात् जब प्रीति में भी कोल्हू में डालकर पेरा जाता है, तब क्रोध की स्थिति में क्या होगा?

सहबासी काचो गिलहिं पुरजन पाक प्रबीन।
कालछेप केहि मिलि करहिं तुलसी खग मृग मीन॥

तुलसीदास कहते हैं कि पक्षी, हिरण, मछली किसके साथ हिल-मिलकर अपना जीवन सुखपूर्वक जीएं? एक ही आकाश में उड़ने वाले, एक ही वन में रहने वाले और एक ही जल में रहने वाले, जो कमजोर होते हैं उन्हें बलवान जीव कच्चा ही निगल जाते हैं और गांव व नगरों के लोग जो जीव पाक कला में प्रवीण हैं, वे उन्हें पकाकर खा जाते हैं। कहने का भाव है कि इस धरती पर कमजोरों के लिए कोई भी स्थान सुरक्षित नहीं है।

जासु भरोसें सोइऐ राखि गोद में सीस।
तुलसी तासु कुचाल तें रखवारो जगदीस॥

जिस पर भरोसा करके उसकी गोद में सिर रखकर सोया जाए, वही विश्वासघात करे तो फिर ईश्वर ही उस विश्वासघात से बचा सकता है।

मार खोज लै सौंह करि करि मत लाज न त्रास।
मुएं नीच ते मीच बिनु जे इन कें बिस्वास॥

जो सौगंध लेकर मित्र बन जाते हैं और फिर घर का भेद जानकर आपस में षड्यंत्र रचकर मित्रों की हत्या कर देते हैं, जिन्हें न तो ऐसे बुरे कर्मों से शर्म आती है और न ही भगवान का भय सताता है, ऐसे अधम पर जो विश्वास करते हैं, वे मदंबुद्धि असमय ही मौत के मुंह में समा जाते हैं।

परद्रोही परदार रत परधन पर अपबाद।
ते नर पाँवर पापमय देह धरें मनुजाद॥

तुलसीदास कहते हैं कि जो व्यक्ति दूसरों से शत्रुता रखते हैं और पर-स्त्री, पराए धन और दूसरे की चुगली करने में जिनकी रुचि होती है, वे पतित, पापी व्यक्ति मनुष्य शरीर में राक्षस ही हैं।

बचन बेष क्यों जानिए मन मलीन नर नारि।
सूपनखा मृग पूतना दसमुख प्रमुख बिचारि॥

तुलसीदास कहते हैं कि किसी पुरुष या स्त्री की वेशभूषा और वाणी से उसके विषय में यह नहीं जाना जा सकता है कि उसके मन में क्या है। सुर्पणखा, मारीच, पूतना तथा रावण आदि पर विशेष रूप से विचार करें। इनकी वेशभूषा और वाणी से इनकी असलियत का बोध तो किसी को भी नहीं हुआ। कहने का भाव है कि दुष्टों की पहचान, उनके बाहरी वेश और वाणी से नहीं बल्कि उनकी कुचाल से होती है।

हँसनि मिलनि बोलनि मधुर कटु करतब मन माँह।
दुवत जो सकुचइ सुमति सो तुलसी तिन्ह की छाँह॥

जिन व्यक्तियों की हंसी, बोली और मिलन आकर्षक, मधुर और मंत्रमुग्ध कर देने वाला है लेकिन मन में कटु विचार भरे हुए हैं, उन व्यक्तियों की परछाईं को भी छूने से जो संकोच करता है, वही विवेकवान व बुद्धिमान है।

कपट सार सूची सहस बाँधि बचन परबास।
कयो दुराउ चहौ चातुरी सो सठ तुलसीदास॥

तुलसीदास कहते हैं कि छल रूपी लोहे की हजारों सुइयों को जो मधुर वाणी रूपी वस्त्र में लपेटकर छिपाना चाहता है, वह महादुष्ट व महाधूर्त है।

बचन बिचार अचार तन मन करतब छल छूति।
तुलसी क्यों सुख पाइऐ अंतरजामिहि धूति॥

तुलसीदास कहते हैं कि जिस व्यक्ति की वाणी में, विचार में, आचरण में, शरीर में, मन में छल रूपी छूत लगी है यानी जिसके अंग-अंग में छल-कपट भरा है, वह भला अन्तर्यामी भगवान को ठगकर अपना कल्याण कैसे कर सकता है अर्थात् ईश्वर उसे माफ नहीं कर सकता है।

सारदूल को स्वाँग करि कूकर की करतूति।
तुलसी तापर चाहिऐ कीरति बिजय बिभूति॥

तुलसीदास कहते हैं कि लोग शेर का स्वांग रचते हैं और कर्म कुत्तों का

करते हैं, फिर ऐसे में यश, नाम, धन और सफलता की कामना करते हैं, भला ऐसा कहीं होता है।

बड़े पाप बाढ़े किए छोटे किए लजात।
तुलसी ता पर सुख चहत बिधि सों बहुत रिसात॥

बड़े पाप तो बढ़-चढ़कर किए और छोटे पाप करने में लाज आती है। तुलसीदास कहते हैं कि इस पर भी लोग सुख चाहते हैं और सुख न मिलने पर विधाता पर खीझते हैं। विधाता भला ऐसे लोगों को सुखी कैसे रख सकता है।

देस काल करता करम बचन बिचार बिहीन।
ते सुरतरु तर दारिदी सुरसरि तीन मलीन॥

जिस व्यक्ति को देश, समय, कर्म और वचन का विचार छूता भी नहीं है, वे व्यक्ति कल्पतरू के नीचे बैठे रहने पर और गंगाजी के तट पर निवास स्थान बनाकर रहने पर भी पापी तथा दरिद्र ही बने रहते हैं।

साहस हीं कै कोप बस किएँ कठिन परिपाक।
सठ संकट भाजन भए हठि कुजाति कपि काक॥

जो लोग साहस, दुःख या गुस्से में आकर कोई कार्य करते हैं, उसका परिणाम भी बहुत ही दुखदायक होता है। दुष्ट बालि और जयंत इसी तरह हठपूर्वक कर्म करने के कारण संकटों के शिकार हुए।

राज करत बिनु काजहीं करहिं कुचालि कुसाजि।
तुलसी ते दसकंध ज्यों जइहैं सहित समाज॥

जो राजा बिना अकारण ही कुचाल चलते हैं और बुरे कर्म करते हैं, उनका रावण की तरह ही वंश सहित विनाश हो जाता है।

राज करत बिनु काजहीं ठटहिं जे कूर कुठात।
तुलसी ते कुरुराज ज्यों जइहैं बारह बाट॥

जो राजा अकारण ही बुरे कर्म करते हैं, उनका धृतराष्ट्र पुत्र दुर्योधन की तरह बारह बाट यानी हर तरह से विनाश हो जाता है।

सभा सुयोधन की सकुनि सुमति सराहन जोग।
द्रोन बिदुर भीषम हरिहि कहहिं प्रपंची लोग॥

दुर्योधन की राज सभा में शकुनि ही बुद्धिमान और चतुर मनुष्य के रूप में सराहा जाता था, जबकि वह अव्वल दर्जे का दुष्ट, धूर्त व स्वार्थी था। गुरु द्रोणाचार्य, विदुर, भीष्म तथा भगवान श्री कृष्ण को तो उस राज सभा के सभासद प्रपंची और झूठे कहते थे।

पांडु सुअन की सदसि ते नीको रिपु हित जानि।
हरि हर सम सब मसनिअत मोह ग्यान की बानि॥

पांडवों की सभा में उन्हीं द्रोणाचार्य व भीष्म पितामह को, यह जानते हुए कि ये कौरवों की ओर से हैं, भगवान शिव व श्री हरि विष्णु के समान पूजनीय माना जाता था। तुलसीदास कहते हैं कि अज्ञान व ज्ञान की वाणी में यही अंतर है।

हित पर बढ़इ बिरोध जब अनिहित पर अनुराग।
राम बिमुख बिधि बाम गति सगुन अघाइ अभाग॥

जब अपने शुभचिंतक के प्रति शत्रुता और अपना अहित करने वाले के प्रति अनुराग बढ़ जाता है, तुलसीदास कहते हैं कि तब भगवान राम आपके विपरीत हैं। विधाता की चाल अनुकूल नहीं है और यह आपके भाग्यहीन होने का अशुभ संकेत है।

सहज सुहृद गुर स्वामि सिख जो न करइ सिर मानि।
सो पछिताइ अघाइ उर अवसि होइ हित हानि॥

जो व्यक्ति सहज व सुहृदय मित्र, गुरु और स्वामी की सीख को सिर पर धर कर उसके मुताबिक कार्य नहीं करता, मन-ही-मन भर-पेट पछताता है और उसकी तथा उसके कार्य की अवश्य ही हानि होती है।

भरूहाए नट भाँट के चपरि चढ़े संग्राम।
कै वै भाजे आइहैं कै बाँधे परिनाम॥

तुलसीदास कहते हैं कि भाटों के भड़काने में आकर नट अगर युद्ध के मैदान में लड़ने के लिए चला जाए तो उसका यही अंजाम होगा, या तो वह युद्ध के मैदान से भाग खड़ा होगा या शत्रु सेना द्वारा बंदी बना लिया जाएगा।

लोक रीति फूटी सहहिं आँजी सहइ न कोइ।
तुलसी जो आँजी सहइ सो आँधरो न होइ॥

तुलसीदास कहते हैं कि लोक रीति तो यही है कि लोग आंख के फूटने का दुःख बर्दाश्त कर जाते हैं और आखों में सुरमा लगाने की पीड़ा उनके लिए असहनीय हो जाती है लेकिन सच तो यह है कि जो काजल या सुरमा लगाने का कष्ट बर्दाश्त कर लेता है, उसकी आंखों की ज्योति सदा ही बनी रहती है।

भागें भल ओड़ेहुँ भलो भलो न घालें घाउ।
तुलसी सब के सीस पर रखवारो रघुराउ॥

कोई तुम पर हमला करता है तो भागने में तुम्हारा हित है या अपने बचाव के लिए हमले को रोकना भी अच्छा है लेकिन बदले की भावना से उस व्यक्ति

पर हमला करना, तुम्हारे हित में नहीं है। तुलसीदास कहते हैं कि बदले की भावना से हमला करना इसलिए ठीक नहीं है क्योंकि सबके रखवाले प्रभु श्रीराम सबके सिर पर ही हैं, वे अन्याय नहीं होने देंगे।

सुमति बिचारहिं परिहरहिं दल सुमनहुँ संग्राम।
सकुल गए तनु बिनु भए साखी जादौ काम॥

तुलसीदास कहते हैं कि पत्तों और फूलों से भी युद्ध करना अनुचित है, यह सोचकर विवेकवान लोग इससे दूर ही रहते हैं। इस बात के उदाहरण कामदेव और यादव हैं। पत्तों-फूलों से लड़कर यादव मकुल नष्ट हो गए और फूलों के बाण को महादेव पर चलाकर कामदेव तनहीन हो गए।

कलह न जानब छोट करि कलह कठिन परिनाम।
लगति अगिनि लघु नीच गृह जरत धनिक धन धाम॥

कलह को छोटा न समझो क्योंकि कलह का अंजाम बहुत बुरा होता है। यह सबको ही पता है कि आग झोपड़ी में ही लगती है लेकिन उससे अमीरों के बड़े-बड़े महल और संपत्ति भी जलकर नष्ट हो जाती है।

छमा रोष के दोष गुन सुनि मनु मानहि सीख।
अबिचल श्रीपति हरि भए भूसुर लहै न भीख॥

तुलसीदास कहते हैं कि क्रोध से मारे हुए पैर को छाती पर बर्दाश्त कर, श्री हरि विष्णु ने भृगु मुनि को क्षमा कर दिया। क्षमावान होने के कारण ही तो भगवान विष्णु अविचल लक्ष्मी के स्वामी बने लेकिन एक ब्राह्मण के क्रोध के कारण ब्राह्मणों को मांगने पर भिक्षा भी नहीं मिलती।

कौरव पांडव जानिऐ क्रोध क्षमा कें सीम।
पाँचहि मारिन सौ सके सयौ सँधारे भीम॥

तुलसीदास कहते हैं कि कौरव क्रोध की हद थे और पांडव क्षमा की सीमा थे, लेकिन सौ कौरव पांच पांडवों को मार न सके और भीम ने सौ कौरवों का वध कर दिया, क्षमा में इतनी बड़ी शक्ति है।

बोल न मोटे मारिऐ मोटी रोटी मारु।
जीति सहस सम हारिबो जीतें हारि निहारु॥

तुलसीदास कहते हैं कि किसी को मोटे बोल यानी हृदय को बेधने वाले बोल न बोलो लेकिन मोटी रोटी से अवश्य ही मारो अर्थात् उसको बड़े ही आदर-सत्कार से खाना खिलाओ। इस तरह कि अपनी हार को हजारों जीत के समान समझो और कटु वचन तथा तीखी वाणी के प्रहार से जीत जाने पर भी

अपनी हार ही समझो। ऐसी जीत से कल्याण किसी का नहीं होता है।

जो परि पायँ मनाइए तासों रूठि बिचारि।
तुलसी तहाँ न जीतिऐ जहँ जीतेहूँ हारि।।

तुलसीदास कहते हैं कि जिनके पांवों पर पड़कर मनाना, धर्म बनता है उनसे सोच-विचार कर ही रूठो। जहाँ जीतने में हार होती है, वहाँ जीतना ठीक नहीं है।

जूझे ते भल बूझिबो भली जीति तें हार।
डहकें तें डहकाइबो भलो जो करिअ बिचार।।

विचार करने पर यही सच लगता है कि परस्पर एक-दूसरे से लड़ने से अच्छा, सुलह कर लेना है। जीत से भली हार है तथा किसी को ठगने से अच्छा ठगाना है।

जा रिपु सों हारेहुँ हँसी जिते पाप परितापु।
तासों रारि निवारिऐ समयँ सँभारअि आपु।।

तुलसीदास कहते हैं कि जिस दुश्मन से हारकर तुम हंसी का पात्र बन जाओ और जीतने के बाद पाप तथा दुःख की अनुभूति करो, अवसर देखकर उससे संधि-सुलह कर झगड़ों को मिटा लेना ही अच्छा है।

जो मधु मरै न मारिऐ माहुर देह सो काउ।
जग जीति हारे परसुधर हारि जिते रघुराउ।।

जो मधु से मर जाए, उसे विष से मारना ठीक नहीं। सारे जग को जीतने वाले परशुराम जी श्रीराम जी की मधुर आवाज के आगे हार गए और श्रीराम जी परशुराम जी के सामने हार कर भी जीत गए।

बैर मूल हर हित बचन प्रेम मूल उपकार।
दो हा सुभ संदोह सो तुलसी किएँ बिचार।।

हितकारी वचन शत्रुता को जड़ से ही काट देते हैं और हित यानी भला करना तो प्रेम की जड़ है। तुलसीदास कहते हैं कि चिंतन करने पर लगता है कि विनती यानी आग्रह करना, यह तो शुभ का समूह ही है।

रोष न रसना खोलिए बरु खोलिअ तरवारि।
सुनत मधुर परिनाम हित बोलिअ बचन बिचारि।।

गुस्से में होश खोकर जुबान मत खोलो, इससे तो अच्छा तलवार उठाना है। तुलसीदास कहते हैं कि सोच-विचारकर ऐसे वचन बोलो, जो सुनने में अच्छे लगें तथा अंजाम में भी कल्याणदायक हों।

मधुर बचन कटु बोलिबो बिनु श्रम भाग अभाग।
कुहू कुहू कलकंठ रब का का कर रत काग।।

मधुर बोलना तथा कटु बोलना बिना मेहनत के ही भाग्य और अभाग्य को बुलावा देना है। कोयल (कू-कू) करती है तो सभी का दिल खुश हो जाता है और कौआ (कांव-कांव) करता है तो लोगों का मन बेचैन हो उठता है और वे उसे ढेला फेंककर उड़ा देते हैं।

पेट न फुलत बिनु कहें कहत न लागइ ढेर।
सुमति विचारे बोलिए समुझि कुफेर सुफेर।।

तुलसीदास कहते हैं कि किसी बात को मन ही में रखने से पेट नहीं फूल जाता और कह देने से बातों की ढेर नहीं लग जाता, इसलिए सोच-विचार कर और मौका-बे मौका देखकर ही कोई बात मुंह से निकालनी चाहिए।

छिद्यो न तरुनि कटाच्छ सर करेउ न कठिन सनेहु।
तुलसी तिन की देह को जगत कवच करि लेहु।।

तुलसीदास कहते हैं कि जो व्यक्ति किसी युवती के नयन बाणों से घायल कभी नहीं हुए और न ही कभी विषयों के प्रति आसक्ति ही उनके मन में रही, उन व्यक्तियों को अपने लिए रक्षा कवच बना लेना चाहिए अन्यथा ऐसे महान व्यक्तियों की संगति में रहने वाले भी विषयों को जीत सकते हैं।

सूर समर करनी करहिं कहि न जनावहिं आपु।
विद्यमान रन पाइ रिनु कायर कथहिं प्रतापु।।

तुलसीदास कहते हैं कि शूरवीर युद्ध में शूरवीरता का कार्य करते हैं, किसी से अपनी वीरता का बखान नहीं करते और रणक्षेत्र में शत्रु को देखकर बुजदिल व्यक्ति ही अपनी वीरता और साहस की बातें हांका करते हैं।

बचन कहे अभिमान के पारथ पेखत सेतु।
प्रभु तिय लूटत नीच भर जय न मीचु तेहिं हेतु।।

तुलसीदास कहते हैं कि अर्जुन ने अभिमानपूर्वक कहा कि रामचन्द्र जी ने इतना परिश्रम क्यों किया, मैं तो बाणों से ही सेतु बांध देता। अर्जुन के इस अभिमान पूर्ण वचन का परिणाम यह हुआ कि श्री कृष्ण के परिजनों की स्त्रियों को हस्तिनापुर ले जाते समय कोल-भीलों ने लूट लिया। अर्जुन ने उन पर हमला किया, पर वह उन पर विजय नहीं प्राप्त कर सके और इस अपमानजनक हार से उनका देहांत हो गया अर्थात् अभिमानपूर्ण वाणी स्वप्न में भी नहीं बोलनी चाहिए।

राम लखन बिजई भए बनहुँ गरीब निवाज।
मुखर बालि रावण गए धरहिं सहित समाज॥

गरीबों पर सदा अपनी दयादृष्टि रखने वाले प्रभु श्रीराम-लक्ष्मण ने जंगल में रहते हुए भी लंकेश्वर को हराया लेकिन बड़-बोले बालि, रावण अपने राज्य में रहते हुए भी परिजनों सहित काल के मुंह में समा गए।

खग मृग मीत पुनीत किय बनहुँ राम नयपाल।
कुमति बालि दसकंठ घर सुहृद बंधु कियो काल॥

न्यायपालक प्रभु श्रीराम ने जंगल में भी पक्षियों, जानवरों आदि को अपना पवित्र शुभचिंतक तथा सुहृदय मित्र बना लिया, पर दुर्बुद्धि बालि व रावण ने घर में ही अपने शुभचिंतक भाइयों सुग्रीव तथा विभीषण को अपना कट्टर शत्रु बना लिया।

लखइ अधानों भूख ज्यों लखइ जीत में हारि।
तुलसी सुमति सराहिऐ मग पग धरइ बिचारि॥

जो भूखा होने पर भी स्वयं को अघाया हुआ समझता है और जीत में भी स्वयं को हारा हुआ समझता है, इस तरह से विचारकर जो जीवन यापन करता हैं, वही बुद्धिमान सराहने के काबिल है।

लाभ समय को पालिबो हानि समय की चूक।
सदा बिचारहिं चारुमति सुदिन कुदिन दिन टूक॥

समय को अपने अनुकूल देखकर कार्य पूरा कर लेना ही लाभ है और उचित समय को गंवा देना ही हानि है। निर्मल बुद्धि वालों को हमेशा विचार करते रहना चाहिए क्योंकि सुदिन और कुदिन दो दिन का ही होता है अर्थात् अवसर को हाथ से जाने देना बुद्धिमानी नहीं है।

सिंधु तरन कपि गिरि हरन काज़ साइँ हित दोउ।
तुलसी समयहिं सब बड़ो बुझत कहुँ कोउ कोउ॥

तुलसीदास कहते हैं कि उचित समय को देखकर काम करने वाले ही बड़े आदमी होते हैं, इस मर्म को सभी नहीं, कोई-कोई ही समझते हैं। हनुमान जी का सीता की खोज के लिए समुद्र को पार करना और लक्ष्मण जी की मूर्च्छा को दूर करने के लिए पहाड़ को उठाकर लाना-ये दोनों कार्य अनुकूल समय पर करने के कारण ही अपने स्वामी की नजर में हनुमान जी का इतना आदर-सम्मान हुआ।

तुलसी मीठी अमी तें मागी मिलै जो मीच।
सुधा सुधाकर समय बिनु कालकूट ते नीच॥

तुलसीदास कहते हैं कि मांगने पर मौत भी मिल जाए तो वह अमृत से कहीं अधिक मीठी लगती है लेकिन बिना समय के अमृत और चन्द्रमा भी मिल जाएं तो ये कालकूट विष से भी अधिक बुरे लगते हैं।

तुलसी असमय के सखा धीरज धरम बिबेक।
साहित साहस सत्सब्रत राम भरोसो एक॥

तुलसीदास कहते हैं कि प्रतिकूल समय के मित्र धीरज, धर्म, विवेक, साहस, सत्य-व्रत या श्रीराम पर भरोसा, सद्साहित्य आदि होते हैं।

समरथ कोउ न राम सों तीय हरन अपराधु।
समयहिं साधे काज सब समय सराहहिं साधु॥

तुलसीदास कहते हैं कि श्रीराम जैसा समर्थवान कौन है, वे तो हुछ भी संभव कर सकते हैं और सीता हरण जैसा अक्षम्य अपराध करने पर भी श्रीराम ने सब्र से काम लेते हुए उचित समय का इंतजार किया और अनुकूल समय आने पर ही सब कार्य किए। साधु लोग तभी तो समय की प्रशंसा करते हैं।

तुलसी तीरहु के चलें समय पाइबी थाह।
धाइ न जाइ थहाइबी सरिता अवगाह॥

तुलसीदास कहते हैं कि नदी के किनारे-किनारे चलने से ही अनुकूल समय पर उसकी थाह मिलती है। अथाह सरिता या सरोवर की थाह लेने की इच्छा से दौड़कर जल में उतर जाना मूर्खता ही है। उचित समय का इंतजार करने में ही बुद्धिमानी है।

तुलसी जसि भवतब्यता तैसी मिलइ सहाइ।
आपुनु आवइ ताहि पै ताहि तहाँ लै जाइ॥

तुलसीदास कहते हैं कि जैसा भाग्य में होना होता है, वैसी ही मदद मिल जाती है। वह खुद चलकर उसके पास आती है या उसे वहाँ किसी बहाने से ले जाती है।

कै जूझिबो कै बूझिबो दान कि काय कलेस।
चारि चारु परलोक पथ जथा जोग उपदेस॥

परलोक के लिए चार सुन्दर रास्ते हैं और यथा योग्य उपदेश किया गया है। वेद के पठन-पाठन द्वारा ज्ञान अर्जन करना, युद्ध करना, व्यवसाय से धन कमाकर दान देना और सेवा करना आदि उपदेश क्रमशः ब्राह्मण, क्षत्रिय, वैश्य और शूद्र के लिए दिए गए हैं।

पात पात को सींचिबो न करु सरग तरु हेत।
कुटिल कटुक फर फरैगो तुलसी करत अचेत॥

कल्पवृक्ष से इच्छानुकूल चीजें पाने के लिए पत्ते-पत्ते और हर किसी वृक्ष को सींचना ठीक नहीं। तुलसीदास कहते हैं कि इससे कुटिल और कड़वा फल ही प्राप्त होगा, जो तुम्हें बेहोश करने का ही काम करेगा अर्थात् मनोवांछित सुख के लिए कोई भी कर्म नहीं करना चाहिए।

गठिबंध ते परतीति बड़ि जेहिं सबको सब काज।
कहब थोर समुझब बहुत गाड़े बढ़त अनाज॥

गठबंधन अर्थात् विवाह से भी बड़ा, विश्वास या भरोसा है, विश्वास से ही सब कार्य संपन्न होते हैं। कहने में यह छोटा-सा ही है, पर समझने में बहुत बड़ा है, जैसे अनाज के वही चंद दाने जमीन में डालने से बहुत अधिक हो जाते हैं।

अपनो ऐपन निज हथा तिय पूजहिं निज भीति।
फरइ सकल मन कामना तुलसी प्रीति प्रतीति॥

तुलसीदास कहते हैं कि स्त्रियां चावल और हल्दी को पीस कर अपने हाथों से घर की दीवारों पर पंजे का निशान छापती हैं और बहुत लगन व आस्था के साथ उसे पूजती हैं। इससे उनके सारे मनोरथ पूरे हो जाते हैं। तुलसीदास कहते हैं कि यह विश्वास और प्रेम की बात है। उनके लिए ये बातें निरर्थक हैं।

बरषत करषत आपु जल हरषत अरघनि भानु।
तुलसी चाहत साधु सुर सब सनेह सनमानु॥

सूर्य जो है, वह धरती पर जल की वर्षा स्वयं करता है और उसे सोखता भी है, किन्तु जब लोग उसे थोड़े से जल से अर्घ्य देते हैं तो वह अपार हर्षोल्लास की अनुभूति करता है। कहने का भाव है कि देवगण व साधुजन तो बस स्नेह और सम्मान के भूखे होते हैं। उन्हें सांसारिक चीजों की कोई आवश्यकता नहीं होती।

श्रुति गुन कर गुन पु जुग मृग हय रेपती सखाउ।
देहि लेहि धन धरनि धरू गएहुँ न जाइहि काउ॥

तुलसीदास कहते हैं कि श्रवण, धनिष्ठा, शतभिषा, हस्त, चित्रा, स्वाति, पुष्य, पुर्नसु, मृगशिरा, अश्विनी, रेवती और अनुराधा इन बारह नक्षत्रों में धन, जमीन और धरोहर का लेन-देन करना शुभदायक रहता है। ऐसा जो करते हैं उनका जाता हुआ धन भी नहीं जाता है और धन-धान्य में बढ़ोत्तरी होती है।

ऊगुन पूगुन बि अज कृ म आ भ अ मू गुनु साथ।
हरो धरो गाड़ो दियो धन फिरि चढ़इ न हाथ॥

तुलसीदास कहते हैं कि उत्तरा फाल्गुनी, उत्तराषाढ़ा, उत्तराभाद्रपद, विशाखा, रोहिणी, कृतिका, मघा, आर्द्रा, भरणी, अश्लेषा, मूल, पूर्वाफाल्गुनी, पूर्वाषाढ़ा, पूर्वाभाद्रपद-इन चौदह नक्षत्रों को लेन-देन के मामले में अशुभ ही समझो। इन नक्षत्रों में धरोहर रखा हुआ, हारा हुआ, गाड़ा हुआ, चोरी गया हुआ, उधार दिया हुआ धन दोबारा वापस नहीं आता है अर्थात् इन नक्षत्रों में लेन-देन नहीं करना चाहिए।

रबि दिसि गुन रस नयन मुनि प्रथमादिक बार।
तिथि सब काज नसावनी होइ कुजोग बिचार॥

तुलसीदास कहते हैं कि द्वादशी, एकादशी, दशमी, तृतीया, षष्ठी, द्वितीया सप्तमी-ये तिथियाँ किसी कार्य के शुभारंभ वाले दिन जैसे रवि, सोम, मंगल, बुध, गुरु, शुक्र, शनिवार को अगर पड़ती हैं तो कार्य में सफलता नहीं मिलती है। ये कार्य को बिगाड़ देती हैं तथा इसे कुयोग मानना चाहिए।

ससि सर नव दुइ छ दस गुन मुनि फल बसु हर भानु।
मेषादिक क्रम तें गनहि घात चंद जियँ जानु॥

तुलसीदास कहते हैं कि मेष के प्रथम, वृष के पांचवें, मिथुन के नौंवे, कर्क के दूसरे, सिंह के छठवें, कन्या के दसवें, तुला के तीसरे, वृश्चिक के सातवें, धनु के चौथे, मकर के आठवें, कुम्भ के ग्यारहवें और मीन के बारहवें भाव में चन्द्र पड़ता है तो खतरनाक स्थिति बन जाती है।

नकुल सुदरसन दरसनी छेमकरी चक चाष।
दस दिसी देखत सगुन सुभ पूजहिं मन अभिलाष॥

नेवला, मीन, आईना, क्षेमकरी चिड़िया, सफेद मुंह वाली चील, चकवा, नीलकंठ आदि के यात्रा के समय दस दिशाओं में से किसी तरफ भी नजर आना शुभकारी होता है और इससे मन के सारे मनोरथ पूर्ण होते हैं और यात्रा सफल होती है।

सुधा साधु सुरतरू सुमन सुफल सुहावनि बात।
तुलसी सीतापति भगति सगुन सुमंगल सात॥

तुलसीदास कहते हैं कि अमृत, साधु, कल्पवृक्ष, फूल, सुन्दर फल, अच्छी बात और सीतापति की कृपा-ये सातों मगंल-ही-मंगल करते हैं।

भरत सत्रुसूदन लखन सहित सुमिरि रघुनाथ।
करहु काज सुभ साज सब मिलिहि सुमंगल साथ॥

तुलसीदास कहते हैं कि भरत, शत्रुघ्न, लक्ष्मण सहित प्रभु श्रीराम जी का नाम लेते हुए कार्य का शुभारंभ विधिपूर्वक करो, हाथों हाथ सफलता प्राप्त होगी और सारी इच्छाएँ पूरी होती चली जाएंगी।

राम लखन कौसिक सहित सुमिरहु करहु पयान।
लच्छि लाभ लै जगत जसु मंगल सगुन प्रमान।।

तुलसीदास कहते हैं कि राम, लक्ष्मण सहित विश्वामित्र जी का नाम लेते हुए यात्रा का शुभारंभ करो तथा धन-लाभ प्राप्तकर संसार में नाम कमाओ। यह शकुन कल्याणकारी है।

अतुलित महिमा बेद की तुलसी किएँ बिचार।
जो निंदत निंदित भयो बिदित बुद्ध अवतार।।

तुलसीदास कहते हैं कि चिंतन मनन करने पर यह साफ हो जाता है कि वेदों की महिमा अतुलनीय है, जिसकी निंदा भगवान बुद्ध ने की तो स्वयं भगवान का बुद्धावतार भी निंदित हो गया, यह सबको ही पता है।

बुध किसान सर बेद निज मतें खेत सब सींच।
तुलसी कृषि लखि जानिबो उत्तम मध्यम नीच।।

पंडितगण कृषक हैं तथा वेद सरोवर हैं। वेद रूपी सरोवर से ही जल लेकर सब अपने-अपने विचार रूपी खेत को पानी देते हैं। इनमें कौन-सा विचार रूपी खेत श्रेष्ठ है, कौन-सा मध्यम है और कौन-सा निम्न है, इसका निर्णय फसल श्रेष्ठ, मध्यम, निम्न देखकर लेना चाहिए।

सहि कुबोल साँसति सकल अँगइ अनट अपमान।
तुलसी धरम न परिहरिअ कहि करि गए सुजान।।

तुलसीदास कहते हैं कि कड़वे बोल तथा हर तरह के दुःखों को बर्दाश्त कर लो और झूठे अपमान को भी आत्मसात कर लो, लेकिन अपना धर्म न छोड़ो। जो श्रेष्ठ और सज्जन पुरुष थे, वे ऐसा ही कहकर और व्यवहार कर गए हैं।

अनहित भय परहित किएँ पर अनहित हित हानि।
तुलसी चारु बिचारु भल करिअ काज सुनि जानि।।

तुलसीदास कहते हैं कि दूसरे का भला करने पर अपनी हानि होने का सिर्फ डर ही रहता है लेकिन दूसरे का अहित करने पर अपनी हानि अवश्य ही होती है। यहाँ पर यही विचार कल्याणकारी है कि कोई भी कार्य हो, जान-समझकर ही करना चाहिए।

पुरुषारथ पूरब करम परमेस्वर परधान।
तुलसी पैरत सरित ज्यों सबहिं काज अनुमान।।

पुरुषार्थ, पूर्वकर्म और परमेश्वर की कृपा इन तीनों की ही जीवन में प्रधानता है और इन्हीं तीनों कर्मों के सहारे, जैसे नदी पार की जाती है, वैसे ही सभी कार्यों को पूरा किया जा सकता है।

चलब नीति मग राम पग नेह निबाहब नीक।
तुलसी पहिरिअ सो बसन जो न पखारें फीक।।

नीति के मार्ग पर चलना और श्रीराम के चरण कमलों में प्रेम की रीति को निभाना ही श्रेष्ठ है। तुलसीदास कहते हैं कि परिधान वही धारण करो, जिसका रंग धोने पर भी धूमिल न हो, चटक का चटक ही रहे।

दोहा चारु बिचारु चलु परिहरि बाद बिबाद।
सुकृत सीवँ स्वारथ अवधि परमारथ मरजाद।।

तुलसीदास कहते हैं कि इस दोहे पर ठीक से सोच-विचार लो, फिर नीतिपूर्वक-श्रीराम जी के चरण कमलों में सारे वाद-विवाद छोड़कर अपना तन, मन, धन लगा दो। यही मोक्ष का मार्ग है।

तुलसी सो समरथ सुमति सुकृति साधु सयान।
जो बिचारि ब्यवहरइ जग खरच लाभ अनुमान।।

तुलसीदास कहते हैं कि वही हर तरह से समर्थवान, बुद्धिमान, पुण्यवान, साधु और सयाना है, जो सोच-समझकर खर्च करता है और संसार में स्वविवेक से व्यवहार करता है।

जाय जोग जग छेम बिनु तुलसी के हित राखि।
बिनुअपराध भृगुपति नहुष बेनु बृकासुर साखि।।

तुलसीदास कहते हैं कि प्राप्त हुआ धन, वैभव, शक्ति आदि देखभाल न करने पर नष्ट हो जाते हैं। कहने का भाव है कि इन सबका सदुपयोग न हो तो ये अर्थहीन होकर नष्ट हो जाते हैं और इनकी महिमा भी घट जाती है। इसके साक्षी परशुराम, नहुष, बेनु, वक्रासुर आदि हैं। इन चारों ने ही अपने अधिकार, शक्ति, वैभव और प्राप्त हुए धन का दुरुपयोग किया और शापित, अपमानित होकर इन चारों का ही नाश हो गया। अधिकार, धन, शक्ति का सदुपयोग करने में ही बुद्धिमानी है।

बड़ि प्रतीति गठिबंध तें बड़ो जोग तें छेम।
बड़ो सुसेवक साँइ तें बड़ो नेम तें प्रेम।।

अविश्वास और संशय की तुलना में विश्वास बड़ा है। योग की तुलना में क्षमा भाव बड़ा है। श्रेष्ठ और आज्ञाकारी सेवक स्वामी की तुलना में बड़ा है और कायदे-कानून की तुलना में प्रेम बड़ा है।

सिष्य सखा सेवक सचिव सुतिय सिखावन साँच।
सुनि समुझिअ पुनि परिहरिअ पर मन रंजन पाँच॥

शिष्य, मित्र, नौकर, मंत्री, सुन्दर स्त्री-ये पांचों स्वामी को छोड़कर दूसरे का मनोरंजन करने लगे हों तो सबसे पहले तो इस बात का पता लगाना चाहिए, यदि सत्य हो तो इनका फौरन ही त्याग कर देना चाहिए।

नगर नारि भोजन सचिव सेवक सखा अगार।
सरस परिहरें रंग रस निरस बिषाद बिकार॥

नगर, स्त्री, भोजन, मंत्री, सेवक, मित्र और घर इनमें नीरसता आने से पहले ही इनका त्याग कर देने में हित है। तुलसीदास कहते हैं कि इनमें नीरसता आने के बाद यद दु:ख और शोक ही प्राप्त होता है।

तूठहिं निज रुचि काज करि रूठहिं काज बिगारि।
तीय तनय सेवक सखा मन के कंटक चारि॥

तुलसीदास कहते हैं कि यदि स्त्री, पुत्र, सेवक, मित्र अपनी इच्छा के अनुकूल कार्य करने में ही संतुष्टि पाते हैं और अपनी इच्छा के विपरीत बात सुनकर नाराज हो जाते हैं तथा काम बिगाड़ देते हैं तब ऐसे में ये चारों ही हृदय में कांटे की तरह चुभकर घाव देने लगते हैं।

दीरघ रोगी दारिदी कटुबच लोलुप लोग।
तुलसी प्रान समान तउ होहिं निरादर जोग॥

तुलसीदास कहते हैं कि लम्बे समय से बीमार रोगी, दरिद्र, कड़वे वचन कहने वाले और लोभी, ये चारों प्राण के समान प्रिय होने पर भी दुत्कार और निरादर पाने लगते हैं।

पाही खेती लगन बट रिन कुब्याज मग खेत।
बैर बड़े सों आपने किए पाँच दुख हेत॥

पापियों से डर कर दूसरे गांव में खेती करना, राह चलते मनुष्य से प्रेम, बहुत अधिक ब्याज की कर्जदारी, राह पर का खेत और बड़े से शत्रुता-इन पांचों से मनुष्य को कष्ट ही मिलता है।

धाइ लगै लोहा ललकि खैंचि लेइ नइ नीचु।
समरथ पापी सों बयर जानि बिसाही मीचु॥

तुलसीदास कहते हैं कि लोहा जैसे स्नेह वश दौड़कर चुम्बक से चिपक जाता है, वैसे ही नीच प्रकृति का मनुष्य झूठी नम्रता दिखाकर सीधे-सादे व्यक्ति को अपनी ओर खींच लेता है। ऐसे ही समर्थवान दुष्ट व्यक्ति से शत्रुता, खरीदी हुई मौत के समान होती है।

तुलसी स्वारथ सामुहो परमारथ तन पीठि।
अंध कहें दुख पाइहै डिठिआरो केहि डीठि॥

तुलसीदास कहते हैं कि जो व्यक्ति स्वार्थ के प्रति आसक्त है और परमार्थ की तरफ पीठ कर के बैठा है, उसे अंधा कहा जाए तो उसे बुरा तो लगेगा, पर किन आंखों को देखकर उसे आंख वाला कहा जाए? उसे भगवान तो नजर आते नहीं और विषय-वासनाएँ हर पल नजर आती रहती हैं। आंख वाला तो उसी को कहा जा सकता है जो विषयों का त्यागकर भगवान को ज्ञानचक्षु से देखता है।

बिन आँखिन की पानहीं पहिचानत लखि पाय।
चारि नयन के नारि नर सूझत मीचु न माय॥

तुलसीदास कहते हैं कि पनही यानी जूती बिना आंख की होती हैं फिर भी वह पैर को देखकर पहचान लेती है, पर इन स्त्री-पुरुषों के चार नयन यानी दो मन के और दो बाहर के होने पर भी इन्हें मौत और माया नहीं सूझती।

जौ पै मूढ़ उपदेस के होते जोग जहान।
क्यों न सुजोधन बोध कै आए स्याम सुजान॥

संसार में मूढ़ व्यक्ति उपदेश के योग्य होते हैं तो दुर्योधन को परम बुद्धिमान श्री कृष्ण क्यों नहीं अपने उपदेशों से समझा सके।

फुलइ फरइ न बेत जदपि सुधा बरषहिं जलद।
मुरुख हृदयं न चेत जौं गुर मिलहिं बिरंचि सम॥

तुलसीदास कहते हैं कि मेघ अमृत के समान जीवनदायक जल की वर्षा करते हैं, फिर भी बेंत न तो फूलता है और न फलता है। इसी तरह से ब्रह्मा जैसा विद्वान गुरु मिल जाए तब भी मूर्ख के हृदय में ज्ञान पैदा नहीं होता।

रीझि आपनी बूझि पर खीझि बिचार बिहीन।
ते उपदेस न मानहीं मोह महोदधि मीन॥

तुलसीदास कहते हैं कि जिस व्यक्ति को अपनी समझ और बुद्धि से ही प्रेम होता है और वह अपनी ही बात को सर्वोत्तम मानता है तथा जिसका क्रोध विचारहीन होता है, वह मोह के महासिंधु में मछली बना हुआ किसी की भी

भली सीख नहीं मानता है।

अनसमुझें अनुसोचनो अवसि समुझिऐ आपु।
तुलसी आपु न समुझिऐ पल पल पर परितापु॥

कोई बात समझ में न आने पर उसे बार-बार सोचो, वह अवश्य ही अपने आप समझ में आ जाएगी। तुलसीदास कहते हैं कि अगर वह बात अपने आप समझ में नहीं आएगी तो पल-पल कष्ट ही होगा।

कूप खनत मंदिर जरत आँए धारि बबूर।
बवहिं नवहिं निज काज सिर कुमति सिरोमनि कूर॥

तुलसीदास कहते हैं कि घर में आग लगने पर जो व्यक्ति कुंआ खोदना शुरू करते हैं, शत्रु के हमला करने पर सुरक्षा के लिए बबूल के वृक्ष लगाना शुरू करते हैं और स्वार्थ की पूर्ति के लिए ईश्वर को भुलाकर दूसरी जगह सिर झुकाते फिरते हैं, वे बुद्धिहीनों के शिरोमणि और क्रूर होते हैं।

निडर ईस तें बीस कै बीस बाहु सो होइ।
गयो गयो कहैं सुमति सब भयो कुमति कह कोइ॥

कोई ईश्वर का भय छोड़कर बीस भुजाओं वाले रावण के समान शक्तिशाली क्यों न हो जाए, बुद्धिमान व्यक्ति तो उस ईश्वर द्रोही को काम से गया ही कहेंगे, कोई कुमति वाला ही उसकी प्रशंसा करेगा।

जो सुनि समुझि अनीति रत जागत रहै जु सोइ।
उपदेसिबो जगाइबो तुलसी उचित न होइ॥

तुलसीदास कहते हैं कि जो व्यक्ति सब जान-समझकर अनीति पूर्ण कार्यों में लगा रहता हैं और जागते हुए भी सोया रहता है, उसको ज्ञान देना या जगाना ठीक नहीं।

बहु सुत बहु रुचि बहु बचन बहु अचार ब्यवहार।
इनको भलो मनाइबो यह अग्यान अपार॥

तुलसीदास कहते हैं कि जिनके बहुत पुत्र हों, बहुत अभिलाषाएं हों, जो बहुत बातें बनाते हों और जिनके बहुत प्रकार के व्यवहार हों, उनके हित के विषय में सोचना अज्ञानता भरा कार्य है। कहने का भाव है कि उनका न तो भला हो सकता है और न ही उन्हें कोई समझा ही सकता है।

लोगनि भलो मनाव जो भलो होन की आस।
करत गगन को गेंडुआ सो सठ तुलसीदास॥

तुलसीदास कहते हैं कि जो दूसरों से अपना हित होने की उम्मीद से ईश्वर

को भूलकर संसार के व्यक्तियों को बेवकूफ बनाता रहता है, वह दुष्ट आसमान का तकिया बनाने की असफल कोशिश कर रहा है।

अपजस जोग कि जानकी मनि चोरी की कान्ह।
तुलसी लोग रिझाइबो करषि कातिबो नान्ह॥

क्या सीता जी अपयश के योग्य थीं और क्या भगवान कृष्ण ने मणि चुराई थी? तुलसीदास कहते हैं कि सूत खींचकर कातना जितना मुश्किल है, उतना ही मुश्किल एक साथ सब लोगों को खुश करना है।

तुलसी जु पै गुमान को होतो कछु उपाउ।
तौ कि जानकिहि जानि जियँ परिहरते रघुराउ॥

तुलसीदास कहते हैं कि संदेह दूर करने का कोई भी उपाय नहीं है। अगर होता तो क्या श्रीराम जी सीता जी को पवित्र जानते हुए भी उनको जंगल में छोड़ आने का आदेश देते, प्रजा का संदेह दूर न कर पाने के कारण ही तो सीता जी का परित्याग करना पड़ा।

मागि मधुकरी खात ते सोवत गोड़ पसारि।
पाप प्रतिष्ठा बढ़ि परी ताते बाढ़ी रारि॥

तुलसीदास कहते हैं कि जब तक मधुकारी मांगकर भोजन करते थे, तब तक पैर फैलाकर गहरी नींद में सोते थे, लेकिन जब से पाप रूपी प्रतिष्ठा में वृद्धि हुई है, तब से लड़ाई-झगड़े में भी बढ़ोत्तरी हो गई है।

तुलसी भेड़ी की धँसनि जड़ जनता सनमान।
उपजत ही अभिमान भो खोवत मूढ़ अपान॥

मूर्ख जनता का सम्मान भेड़िया धंसान की तरह ही होता है। एक ने सम्मान किया तो दूसरा भी करेगा यह जाने बिना कि फलां सम्मान योग्य है या नहीं? तुलसीदास कहते हैं कि इस तरह के सम्मान के मिलते ही अभिमान भी हो जाता है, जिससे मूर्ख स्वयं को संभाल नहीं पाते हैं और अपनी तथाकथित प्रतिष्ठा को गवां बैठते हैं।

लही आँखि कब आँधरे बाँझ पूत कब ल्याइ।
कब कोढ़ी काया लही जग बहराइच जाइ॥

तुलसीदास कहते हैं कि जग बहराइच की ओर भागा जा रहा है लेकिन वहाँ किस अंधे ने आंख पाई, कौन बांझ कब पुत्र लेकर आई और किस कोढ़ी का कायाकल्प हुआ? अंधी दौड़ कभी भी कल्याणकारी नहीं होती।

तुलसी निरभय होत नर सुनिअत सुरपुर जाइ।
सो गति लखि ब्रत अछत तनु सुख संपति गति पाइ॥

तुलसीदास कहते हैं कि सुना है स्वर्ग में जाकर प्राणी निर्भय हो जाता है। वह सोचता है कि बुढ़ापा और रोग से मुक्त होकर सदा ही सुख-ऐश्वर्य को भोगता रहेगा, पर ऐसा तो यहाँ भी सुख-संपत्ति और उच्चपद पाने पर देखा जा सकता है। धनवान और उच्च पद पर आसीन व्यक्ति तो यहाँ भी निर्भय ही होता है, लेकिन सच्चाई इससे भिन्न है।

तुलसी तोरत तीर तरु बक हित हंस बिडारि।
बिगत नलिन अलि मलिन जल सुरसरिहू बढ़िआरि॥

तुलसीदास कहते हैं कि गंगाजी भी बढ़ जाने पर अपने किनारे के पेड़ों को जड़ से ही उखाड़ देती हैं, बगुलों के हित के लिए हंसों को भगा देती हैं और कमल तथा भौरों से रहित मलिन जल वाली तथा मलिन मन वाली हो जाती हैं अर्थात् ऐसे में वह अभिमानी होकर अपने किनारे की हर चीज का नाश कर देती हैं। जब गंगा जी का यह हाल है तो मनुष्य के बढ़ जाने पर क्या हाल होगा, बढ़ना अभिमान का कारण है।

अधिकारी बस औसरा भलेउ जानिबे मंद।
सुधा सदन बसु बारहें चरथें चरथिउ चंद॥

तुलसीदास कहते हैं कि दुर्दिनों में अच्छे स्वभाव वाले अधिकारी भी मलिन ह्रदय वाले हो जाते हैं। चंद्रमा अमृत का खजाना होने पर भी आठवें, बारहवें तथा चौथे स्थान में आने पर हानि ही पहुँचाता है।

त्रिबिध एक बिधि प्रभु अनुग अवसर करहिं कुठाट।
सूधे टेढ़े सम विषम सब महँ बारहबाट॥

तुलसीदास कहते हैं कि मौके की नजाकत को देखकर स्वामी एक विधि से निंदा करता है तो सेवक तीन विधियों से निंदा करते हैं। वे भोले-भाले अच्छे लोगों से भी टेढ़े व्यवहार करते हैं, सारे कार्यो का नाश कर देते हैं और अनुकूल स्थितियों में भी प्रतिकूल व्यवहार करते हैं।

प्रभु तें प्रभु गन दुखद लखि प्रजहिं सँभारे राउ।
कर तें होत कृपानको कठिन घोर घन घाउ॥

स्वामी की तुलना में स्वामी के परिजन अत्यधिक कष्टदायक होते हैं। इस विषय पर सोच-समझकर राजा को चाहिए कि वह स्वयं अपनी प्रजा की

देखभाल करे क्योंकि हाथ की चोट की तुलना में हाथ में जो तलवार है, उसकी मार असहनीय, कठिन और खतरनाक होती है।

ब्यालहु तें बिकराल बड़ ब्यालफेन जियँ जानु।
वहि के खाए मरत है वहि खाए बिनु प्रानु।।

तुलसीदास कहते हैं कि अफीम को सर्प के विष से ज्यादा खतरनाक समझो। सांप के काटने से तो आदमी मर जाता है लेकिन अफीम का सेवन करने से आदमी जीवित होकर भी निष्प्राण शव की तरह हो जाता है।

कारन तें कारजु कठिन होइ दोसु नहि मोर।
कुलिस अथि तें उपल तें लोह कराल कठोर।।

भरत महाराज का कहना है कि मैं तो स्वाभाविक रूप से ही इतना सख्त हूँ, इसमें मेरा कोई कसूर नहीं हैं क्योंकि कार्य कारण से कठोर होता ही है जैसे दधीचि की हड्डी से बना वज्र हड्डी से ज्यादा कठोर और पत्थर से निकला लोहा, पत्थर से अधिक कठोर होता है।

काल बिलोकत ईस रुख भानु काल अनुहारि।
रबिहि राउ राजहि प्रजा बुध ब्यवहरहिं बिचारि।।

तुलसीदास कहते हैं कि समय परमात्मा की तरफ देखता है और उनका इशारा पाकर बदलता रहता है, सूर्य समय का अनुसरण करता है। राजा सूर्य के अनुसार चलता है। सूर्य जैसे जल बरसाता है और धरती को हरा-भरा करता है, वैसे ही राजा भी प्रजा से कर रूप में धन लेता है और उसी के भले के लिए उस धन को खर्च कर देता है। प्रजा राजा के अनुसार चलती है। राजा जैसा होता है, प्रजा भी वैसी ही होती है लेकिन जो विवेकवान लोग होते हैं, वे अपने विवेक व बुद्धि के अनुसार ही कार्य करते हैं।

जथा अमल पावन पवन पाइ कुसंग सुसंग।
कहिअ कुबास सुबास तिमि काल महीस प्रसंग।।

तुलसीदास कहते हैं कि जैसे स्वच्छ और पावन हवा दुर्गंध युक्त व सुगंध युक्त चीजों के संपर्क में आने से दुर्गंधित व सुगंधित हो जाती है, वैसे ही शिष्ट या अशिष्ट राजा के संपर्क में आने से समय भी शिष्ट या अशिष्ट बन जाता है।

भलेहु चलत पथ पोच भय नृप नियोग नय नेम।
सुतिय सुभूपति भूषिअत लोह सँवारित हेम।।

तुलसीदास कहते हैं कि जैसे लोहे के हथौड़े से पीटकर संवारे जाने पर ही सोना आभूषण बनता है और खूबसूरत स्त्री, न्याय प्रिय राजा आदि को

भूषित करता है, वैसे ही राजा के निष्पक्ष न्याय, स्वार्थहीन नीति, सख्त कानून के कारण भले लोग बुरे रास्ते पर चलने से डरते हैं।

माली भानु किसान सम नीति निपुन नरपाल।
प्रजा भाग बस होहिंगे कबहुँ कबहुँ कलिकाल॥

तुलसीदास कहते हैं कि माली, सूर्य, किसान के समान परोपकारी व नीतिज्ञ राजा इस कलियुग में प्रजा के भाग्य से ही कभी-कभी होंगे।

बरषत हरषत लोग सब करषत लखै न कोइ।
तुलसी प्रजा सुभाग ते भूप भानु सो होइ॥

सूर्य जब धरती से जल को सोखता है तब किसी को भी इसका बोध नहीं होता है लेकिन जब जल बरसाता है, तब सब लोग प्रसन्न हो जाते हैं। तुलसीदास कहते हैं कि प्रजा के सौभाग्य से ही राजा सूर्य के समान परोपकारी तथा शुभचिंतक होता है।

सुधा सुजान कुजान फल आम असन सम जानि।
सुप्रभु प्रजा हित लेहिं कर सामादिक अनुमानि॥

तुलसीदास कहते हैं कि दूध, उत्तम अन्न, कुत्सित अन्न, लताओं के फल, आम आदि वृक्षों के फल-इन सबको भोज्य रूप में समान समझकर राजा साम-दण्ड आदि नीतियों के अनुसार प्रजा की इच्छा से 'कर' के रूप में ले लेते हैं।

पाके पकए बिटप दल उत्तम मध्यम नीच।
फल नर लहैं नरेस त्यों करि बिचारि मन बीच॥

तुलसीदास कहते हैं कि जो मनुष्य श्रेष्ठ विचारों वाले होते हैं, वृक्षों के पके फल ही ग्रहण करते हैं। मध्यम श्रेणी के विचार रखने वाले मनुष्य फल के पकने का इंतजार नहीं करते हैं और फल को तोड़कर घर में पका लेते हैं और निम्न श्रेणी के विचार वाले वे मनुष्य हैं जो पत्तों को ही नोच डालते हैं। ऐसे ही श्रेष्ठ और नीतिवान राजा को भी 'कर' प्रजा से तभी लेना चाहिए जब फसल पक कर तैयार हो जाए। जो फसल पकने या तैयार होने से पहले ही 'कर' वसूल करता है, वह मध्यम श्रेणी का राजा होता है और भुखमरी तथा अकाल की स्थितियों में भी जबर्दस्ती प्रजा से जो कर वसूलता है, वह निम्न श्रेणी का राजा होता है।

रीझि खीझि गुरु देत सिख सखा सुसाहिब साधु।
तोरि खाइ फल होइ भल तरु काटें अपराधु॥

तुलसीदास कहते हैं कि गुरु, मित्र, सुहृदय, स्वामी, साधु रीझ कर या खीझकर सबके हित के लिए यही ज्ञान देते हैं कि पेड़ का पका फल ही खाना चाहिए और हरे-भरे पेड़ को काटना अपराध है। कहने का भाव है कि समय से पहले कोई भी कार्य करना प्रकृति के खिलाफ है।

धरनि धेनु चारितु चरत प्रजा सुबच्छ पेन्हाइ।
हाथ कछु नहिं लागिहै किएँ गोड़ की गाइ॥

तुलसीदास कहते हैं कि धरती रूपी गाय राजा के प्रजा-प्रेम तथा श्रेष्ठ चरित्र रूपी घास को चरकर दुग्ध धारण करती है और प्रजा रूपी बछड़े के रम्भाने पर पेन्हाती है तो पर्याप्त और कल्याणकारी दूध देती है, उसके पांव बांधकर दुहने से कुछ भी हाथ नहीं लगता।

चढ़े बधूरें चंग ज्यों ग्यान ज्यों सोक समाज।
करम धरम सुख संपदा त्यों जानिबे कुराज॥

बवंडर में रखे पलंग की जो दुर्दशा होती है और शोकों से घिरे ज्ञान की जो दुर्गति होती है, वही दुर्गति कुराज्य में सत्कर्म, धर्म, सुख और धन की भी होती है।

कंटक करि करि परत गिरि साखा सहस खजूरि।
मरहिं कुनृप करि करि कुनय सों कुचालि भव भूरि॥

तुलसीदास कहते हैं कि जैसे खजूर की डालियाँ वृक्ष में ढेर सारे कांटे उत्पन्न कर स्वयं टूट-फूट कर गिर पड़ती हैं, वैसे ही कुबिचारी राजा भी अपनी कूटनीति से संसार में बार-बार जन्म लेकर मरते है।

काल तोपची तुपक महि दारू अनय कराल।
पाप पलीता कठिन गुरु गोला पुहुमी पाल॥

तुलसीदास कहते हैं कि समय ही तोपची है, धरती ही तोप है, विनाशकारी अनीति ही बारूद है, पाप ही पलीता है तथा कठोर और भारी गोला ही राजा है। विपरीत समय ही कुविचारी राजा के माध्यम से प्रजा का विनाश करता है।

भूमि रुचिर रावन सभा अंगद पद महिपाल।
धरम राम नय सिय बल अचल होत सुभ काल॥

तुलसीदास कहते हैं कि धरती ही रावण की विशाल सभा है, जिसमें अंगद का पांव ही राजा है, धर्म रूपी राम और नीति रूपी सीता के कारण ही राजा रूपी अंगद का पांव अनुकूल समय में अडिग और अचल हो गया है।

प्रीति राम पद निति रति धर्म प्रतीति सुभायँ।
प्रभुहि न प्रभुता परिहरै कबहुँ बचन मन कायँ।।

जिस राजा की भगवान राम के चरण कमलों में प्रीति है, जनहित की नीति में जो कार्यरत है और धर्म के प्रति जो एकनिष्ठ है, उस नृप को प्रभुता कभी नहीं मन, वचन, शरीर से छोड़ती है यानी वह आजीवन राज्य सुख भोगता है और वह एकछत्र राज्य करता है।

कर के कर मन के मनहिं बचन बचन गुन जानि।
भूपहि भूलि न परिहरै बिजय बिभूति सयानि।।

तुलसीदास कहते हैं कि जिसके हाथ में हाथ के गुण, मन में मन के गुण, वचन में वचन के गुण होते हैं उस राजा को भूल कर भी कभी विजय, ऐश्वर्य और चातुर्य नहीं छोड़ते हैं अर्थात् वह निष्कंटक राज्य का स्वामी होता है।

गोली बान सुमंत्र सर समुझि उलटि मन देखु।
उत्तम मध्यम नीच प्रभु बचन बिचारि बिसेषु।।

तुलसीदास कहते हैं कि गोली, सामान्य बाण, अभिमंत्रित बाण आदि के गुण एवं सामर्थ्य को जानकर, फिर इनके क्रम को उलटकर देखो, उत्तम, मध्यम, निम्न राजा के वचन क्रमशः ऐसे ही होते हैं अर्थात् उत्तम राजा के वचन अभिमंत्रित बाण के समान, मध्यम राजा के वचन बाण के समान तथा निम्न राजा के वचन गोली के समान होते हैं।

सत्रु सयानो सलिल ज्यों राख सीस रिपु नाव।
बूड़त लखि पग डगत लखि चपरि चहूँ दिसि धाव।।

जो दुश्मन चालाक होता है, वह पानी की तरह दुश्मनी रूपी नाव को सिर पर रखता है, किन्तु उसको बूड़ते हुए देखकर या पैर डगमगाते हुए देखकर चारों तरफ से उस पर हमला बोल देता है।

रैअत राज समाज घर तन धन धरम सुबाहु।।
सांत सुसचिवन सौंपि सुख बिलसई नित नरनाहु।।

तुलसीदास कहते हैं कि प्रजा, राज समाज, घर, अपना तन, धन, धर्म और सेना आदि को सयाने, स्थिर चित्त वाले और काबिल मत्रिंयों को सौंप कर के ही राजा सदा सुखपूर्वक जीवन बिता सकता है। कहने का भाव है कि जिस राजा के मंत्री काबिल और सुहृदय नहीं होते, वह राजा सुखी नहीं रहता है।

मुखिया मुखु सो चाहिऐ खान पान कहुँ एक।
पालइ पोषइ सकल अंग तुलसी सहित बिबेक।।

तुलसीदास कहते हैं कि राजा को मुंह के समान होना चाहिए। मुख खाने-पीने के लिए तो एक ही होता है, पर सभी अंगों का पालन-पोषण बड़ी कुशलता के साथ करता है।

सेवक कर पद नयन से मुख सो साहिबु होइ।
तुलसी प्रीति कि रीति सुनि सुकबि सराहहिं सोइ॥

तुलसीदास कहते हैं कि सेवक हाथ, पैर और आंखों से एक समान होना चाहिए और स्वामी मुख के समान होना चाहिए। सेवक-स्वामी की प्रीति बहुत ही अनोखी होती हैं, इनकी प्रीति की रीति की सराहना तो सुकवि भी करते हैं।

सचिव बैद गुर तीनि जौं प्रिय बोलहिं भय आस।
राज धर्म तन तीनि कर होइ बेगिहीं नास॥

मंत्री, डॉक्टर और गुरु राजा के नाराज होने के डर से या स्वार्थवश भले की बात न कहकर हां-में-हां मिलाने लगते हैं तो राज्य, धर्म तथा शरीर इन तीनों का जल्दी ही पतन हो जाता है।

रसना मन्त्री दसन जन तोष पोष निज काज।
प्रभु कर सेन पदादिका बालक राज समाज॥

राजा पेट है, मंत्री जीभ है तथा दूसरे कर्मचारी दांत हैं और सबके अपने-अपने कार्य हैं। सेना और अन्य पदों पर आसीन व्यक्ति राजा के हाथ और पैर हैं। राज समाज राजा का बालक है और राजा पिता के समान है। माता-पिता जैसे अपने बच्चों का पालन-पोषण करते हैं, वैसे ही राजा राज-समाज तथा सारी प्रजा का पालन-पोषण करता है।

लकड़ी डोआ करछुली सरस काज अनुहारि।
सुप्रभु संग्रहहिं परिहरहिं सेवक सखा बिचारि॥

तुलसीदास कहते हैं कि जैसे कार्य की सुगमता को देखते हुए लकड़ी के चम्मच या धातु की करछुल का संग्रह और त्याग किया जाता है वैसे ही कुशल व बुद्धिमान स्वामी भी स्वविवेक से निर्णय लेते हैं और सेवकों एवं मित्रों का संग्रह व त्याग करते हैं।

प्रभु समीप छोटे बड़े रहत निबल बलवान।
तुलसी प्रगट बिलोकिए कर अँगुली अनुमान॥

तुलसीदास कहते हैं कि स्वामी के समीप छोटे, बड़े, निर्बल, बलवान हर तरह के आदमी रहते हैं। हाथ की अंगुलियों को देखकर इन बातों का अनुमान लगा लेना चाहिए अर्थात् जैसे एक ही हाथ की पांचों उंगलियाँ बराबर नहीं

होतीं वैसे ही सारे लोग एक जैसे नहीं होते।

साहब तें सेवक बड़ो जो निज धरम सुजान।
राम बाँधि उतरे उदधि लाँघि गए हनुमान।।

स्वामी से सेवक बड़ा है, जो अपने धर्म व कर्त्तव्य को पूरा करने में दक्ष है। भगवान राम तो सेतु बांधकर समुद्र के पार उतरे, लेकिन उसी समुद्र को हनुमान जी लांघकर चले गए।

तुलसी भल बरतरू बढ़त निज मूलहि अनुकूल।
सबहि भाँति सब कहँ सुखद दलनि फलनि बिनु फूल।।

तुलसीदास कहते हैं कि पेड़ श्रेष्ठ है, जो अपनी जड़-बुनियाद को देखकर बढ़ता है और बिना अभिमान किए ही अपने पत्तों और फलों से सबको सभी प्रकार के सुख देता है।

सधन सगुन सधरम सगन सबल सुसाइँ महीप।
तुलसी जे अभिमान बिनु ते तिभुन के दीप।।

जो व्यक्ति धनवान, गुणवान, धर्मवान, सेवकों से सुशोभित, बलवान और का़बिल स्वामी तथा राजा होकर भी घमंडी प्रवृत्ति के नहीं होते हैं, तीनों लोकों में उनकी कीर्ति दीपक के समान उजाला फैलाती है।

तुलसी निज करतूति बिनु मुकुत जात जब कोइ।
गयो अजामिल लोक हरि नाम सक्यो नहिं धोइ।।

तुलसीदास कहते हैं कि अगर कोई व्यक्ति या प्राणी अपने कर्म के बिना ही मोक्ष पा जाता है तो उसको कोई यश नहीं मिलता है। अजामिल श्रीहरि विष्णु के धाम चला गया लेकिन वह अपनी बदनामी को नहीं मिटा सका। अर्थात् वह फिर भी अपने पापों को धो न सका। वह आज भी पापी कहा जाता है।

बड़ो गहे ते होत बड़ ज्यों बावन कर दंड।
श्रीप्रभु के सँग सों बढ़ो गयो अखिल ब्राह्मंण।।

बड़े किसी को अपना लेते हैं तो वह व्यक्ति बड़ा हो जाता है जैसे वामन भगवान के हाथ का दण्ड, उनके साथ ही बढ़कर ब्रह्मांड को छू गया।

तुलसी दान जो देत हैं जल में हाथ उठाइ।
प्रतिग्राही जीवै नहीं दाता नरकै जाइ।।

तुलसीदास कहते हैं कि मनुष्य हाथ उठाकर मछलियों को छलने के लिए जल में दान देते हैं अर्थात् चारा डालते हैं। उस दान को जो मछलियां ग्रहण

करती हैं, उनका तो निधन हो ही जाता है, पर दाता भी सुखी नहीं रहते। उन्हें भी नरक में जाना पड़ता है।

आपन छोड़ो साथ जब ता दिन हितू न कोइ।
तुलसी अंबुज अंबु बिनु तरनि तासु रिपु होइ॥

जब अपने ही साथ छोड़ देते हैं तब कोई भी सहायता नहीं करता। तुलसीदास कहते हैं कि सूर्य कमल का मित्र है लेकिन जब जल कमल का साथ छोड़ देता है तब सूर्य भी कमल का हितैषी नहीं रह जाता और शत्रुवत व्यवहार करते हुए कमल को झुलसा कर मार डालता है।

उरबी परि कलहीन होइ ऊपर कलाप्रधान।
तुलसी देखु कलाप गति साधन घन पहिचान॥

मयूर के पांव नीचे धरती की तरफ होते हैं तो उनमें कोई भी खूबसूरती नहीं होती है, पर जब वही पंख ऊपर की तरफ उठ कर फैल जाते हैं तब उनका सौंदर्य देखने लायक हो जाता है। तुलसीदास कहते हैं कि मयूर के पंख की दशा को ध्यान से देखो, इसमें बादल ही मुख्य साधन है। मयूर आसमान में बादल देखकर ही पंख फैलाकर नाचता है।

तुलसी संगति पोच की सुजनहि होति म-दानि।
ज्यों हरि रूप सुताहि तें कीनि गोहारी आनि॥

तुलसीदास कहते हैं कि नीच व दुष्ट व्यक्ति का साथ भी सज्जनों के लिए कल्याणदायक होता है, जैसे भगवान विष्णु का वेश धारण करने वाले बढ़ई से शादी करने वाली राज-कन्या की प्रार्थना को सुनकर श्रीहरि विष्णु को प्रकट होना पड़ा और उस राज-कन्या की सहायता करनी पड़ी।

कलि कुचालि सुभ मति हरनि सरलै दंडै चक्र।
तुलसी यह निहचय भई बाढ़ि लेति नव बक्र॥

तुलसीदास कहते हैं कि कलियुग की जो कुचाल है, वह शुभ बुद्धि को नष्ट करने वाली है। यही वजह है कि राजा और राज्य प्रशासन भी सीधे सादे व्यक्ति को ही दण्ड देते हैं। यह निश्चित हो गया है कि कलियुग में नित नये-नये कुचक्रों में वृद्धि होती रहेगी।

गो खग खे खग बारि खग तीनों माहिं बिसेक।
तुलसी पीवैं फिरि चलैं रहैं फिरैं सँग एक॥

धरती, आकाश और जल में रहने वाले तीनों तरह के पक्षियों में यह विशेषता है कि ये सब अपने-अपने झुण्ड बनाकर एक ही साथ पानी पीते हैं,

चलते हैं और रहते हैं। तुलसीदास कहते हैं कि हम मनुष्यों को इनसे प्रेरणा लेकर ऐसा ही करना चाहिए।

साधन समय सुसिद्धि लहि उभय मूल अनुकूल।
तुलसी तीनिउ समय सम ते महि मंगल मूल।।

तुलसीदास कहते हैं कि वे ही मनुष्य इस धरती पर सुखी और संपन्न होते हैं, जो अनुकूल साधन तथा अनुकूल समय और इन दोनों के मूल उद्‌दश्य रूप सुन्दर सिद्धि को प्राप्त कर तीनों समय में समभाव से रहते हैं।

मातु पिता गुरु स्वामी सिख सिर धरि करहिं सुभायँ।
लहेउ लाभु तिन्ह जनम कर नतरु जनमु जग जायँ।।

माता, पिता, गुरु, स्वामी की सीख को जो व्यक्ति स्वाभाविक रूप से स्वीकार कर उसका पालन करते हैं, उन्हें ही जन्म लेने का लाभ होता है, वर्ना धरती पर जन्म लेना अर्थहीन है।

अनुचित उचित बिचारु तजि जे पालहिं पितु बैन।
ते भाजन सुख सुजस के बसहिं अमरपति ऐन।।

तुलसीदास कहते हैं कि जो व्यक्ति उचित-अनुचित को एक तरफ रखकर पिता की आज्ञा का पालन करते हैं, वे इस लोक में सुख व सुयश को प्राप्त कर मरने के बाद इंद्रपुरी में निवास करते हैं।

सहज अपावनि नारि पति सेवत सुभ गति लहइ।
जसु गावत श्रुति चारि अजहुँ तुलसिका हरिहि प्रिय।।

तुलसीदास कहते हैं कि स्त्री सहज रूप से ही अपावन है, किन्तु पति सेवा करने से वह पावन हो जाती है। चारों वेद प्रतिव्रता स्त्री की स्तुति गान करते हैं और आज भी वृंदा तुलसी रूप में भगवान विष्णु की प्रिया बनी हुई है।

सरनागत कहुँ जे जतहिं निज अनहित अनुमानि।
ते नर पावँर पापमय तिन्हहि बिलोकत हानि।।

जो लोग शरण में आए हुए की रक्षा, अपना अहित जानकर करने से पीछे हट जाते हैं, वे लोग अधम और पापी हैं और उनको देखने से भी हानि होती है।

तुलसी तृन जलकूल को निरबल निपट निकाज।
कै राखै के सँग चलै बाँह गहे की लाज।।

तुलसीदास कहते हैं कि नदी के किनारों पर उगी घास और पौधे बहुत ही निर्बल और निकम्मे होते हैं, लेकिन नदी में डूबने वाला उन्हें पकड़ लेता है तो वे भी अपनी बांह पकड़ने की लाज के कारण शरण में आए को बचा लेते

हैं या उखड़कर उसके साथ ही बह जाते हैं। शरणागत की महिमा को जब निर्बल व निकम्मी घास जानती है तो फिर तुम तो इंसान हो। जरा सोचो।

रामायन अनुहरत सिख जग भयो भारत रीति।
तुलसी सठ की को सुनै कलि कुचालि पर प्रीति॥

तुलसीदास कहते हैं कि कलियुग में लोगों का प्रेम कुचाल से ही होता है, मूढ़ की कौन सुनता है। रामायण के अनुसार चलते-रहने की सीख लोगों को दी जाती है लेकिन सब अपने-अपने लाभवश परस्पर लड़ने-झगड़ने में ही लगे रहते हैं।

पात पाप कै सींचिबो बरी बरी कै लोन।
तुलसी खोटें चतुरपन कलि डहके कहु को न॥

कलिकाल में लोग वृक्ष के पत्ते-पत्ते को अलग-अलग सींचना तथा एक-एक बरी में अलग-अलग नमक मिलाना चाहते हैं। इससे न तो पेड़ को जल मिलता है और न ही सभी बरियों में एक मात्रा में नमक ही पड़ पाता है। तुलसीदास कहते हैं कि भला बताइए, अपनी इस खोटी चतुराई से कलिकाल में कौन नहीं ठगा गया। लोग अपने कर्मों से खुद ही कष्ट पाते हैं।

प्रीति सगाई सकल बिधि बनिज उपायँ अनेक।
कल बल छल कलि मल मलिन डहकत एकहि एक॥

कलिकाल में पापों से भ्रष्ट हुए लोग प्रेम का नाटक कर व्यापार आदि अनेक विधियों से सब तरह के कल-छल-बल अपनाकर आपस में ही एक दूजे को छला करते हैं।

दंभ सहित कलि धरम सब छल समेत ब्यवहार।
स्वारथ सहित सनेह सब रुचि अनुहरत अचार॥

तुलसीदास कहते हैं कि कलियुग में सारे धर्म दम्भ से भरे पड़े हैं, व्यवहार में कपट है, प्रेम में स्वार्थ है और अपनी मर्जी अनुसार आचरण है। शास्त्रोक्त कुछ भी नहीं है।

चोर चतुर बटमार नट प्रभु प्रिय भँडुआ भंड।
सब भच्छक परमारथी कलि सुपंथ पाषंड॥

तुलसीदास कहते हैं कि कलिकाल में चतुर-चालाक ही चोर हैं, लुटेरे ही खिलाड़ी हैं, भांड और भडुए ही राजाओं को प्रिय हैं, सर्वाहारी ही साधु-संन्यासी हैं और पाखंड ही कलियुग में संमार्ग माना जाता है। कलिकाल में सब कुछ उल्टा ही है।

असुभ बेष भूसन धरें भच्छाभच्छ जे खाहिं।
तेहि जोगी तेइ सिद्ध नर पुज्य ते कलिजुग माहिं।।

इस कलिकाल में योग्य, सिद्ध और पूजनीय वे ही लोग हैं जो अशोभनीय वेश में रहते हैं, अशोभनीय भूषण धारण करते हैं और भक्ष्य-अभक्ष्य सब कुछ खाकर डकार जाते हैं।

जे अपकारी चार तिन्ह कर गौरव मान्य तेइ।
मन क्रम बचन लबार ते बकता कलिकाल महुँ।।

तुलसीदास कहते हैं कि जो अपने बर्ताव से दूसरों की हानि करने वाले हैं, कलिकाल में उनकी ही बड़ाई है और वे ही माननीय भी हैं और वक्ता वे लोग हैं, जो मन से, कर्म से और वचन से भी झूठ पर झूठ बोलते हैं।

ब्रह्मग्यान बिनु नारि नर कहहिं न दूसरि बात।
कौड़ी लागि लोभ बस करहिं बिप्र गुर घात।।

तुलसीदास कहते हैं कि इस कलिकाल में नर-नारी ब्रह्मज्ञान के अतिरिक्त दूसरी बात ही नहीं करते पर आश्चर्य है कि ये झूठे ब्रह्मज्ञानी लालचवश एक कौड़ी के लिए ब्राह्मणों और गुरुजनों की हत्या भी कर डालते हैं।

बादहिं सूद्र द्विजन्ह सन हम तुम्ह ते कछु घाटि।
जानइ ब्रह्म सो बिप्रबर आँखि देखावहिं डाटि।।

कलिकाल में शूद्र जन ब्राह्मणों से बहस करते हैं, तर्क-वितर्क करते हैं और आंखें दिखाकर ब्राह्मणों को डांटते हुए कहते हैं कि तुमसे हम कुछ क्रम नहीं। तुलसीदास कहते हैं कि जो ब्रह्म को जानता है, वही उत्तम ब्राह्मण है।

साखी सबदी दोहरा कहि कहनी उपखान।
भगति निरूपहिं भगत कलि निंदहिं बेद पुरान।।

कलिकाल में कलियुगी भक्त वेद-पुराणों की निंदा करते हैं और साखी, शब्द, दोहा, कहानी, उपाख्यान लिख व सुनाकर भक्ति का एक नया मार्ग दिखाते हैं।

श्रुति संमत हरिभगति पथ संजुत बिरति बिबेक।
तेहि परिहरहिं बिमोह बस कल्पहिं पंथ अनेक।।

कलियुग में लोग वैराग्य तथा ज्ञान से सुशोभित वेद समस्त हरि भक्ति के मार्ग को लालचवश छोड़ देते हैं तथा ज्ञान-वैराग्यहीन नये-नये काल्पनिक मार्गों को स्थापित कर देते हैं।

सकल धरम बिपरीत कलि कल्पित कोटि कुपंथ।
पुन्य पराय पहार बन दुरे पुरान सुग्रन्थ॥

तुलसीदास कहते हैं कि कलिकाल में सब कुछ धर्म के उल्टा हो गया, करोड़ों कल्पित कुमार्ग हो गए जबकि इन कुमार्गों से किसी को भी मुक्ति नहीं मिलने वाली। पुण्य तो जैसे पहाड़ों में भाग गया और वन में जाकर पुराण ग्रंथ कहीं खो गए अर्थात् वन और पहाड़ों में ही ये रह गए हैं।

धातुवाद निरुपाधि बर सद्‌गुरु लाभ सुमीत।
देव दरस कलिकाल में पोथिन दुरे सभीत॥

तुलसीदास कहते हैं कि कलिकाल में रसायन विद्या, वरदान, सद्‌गुरु का साथ, सुहृदय मित्र, देव दर्शन, ये पांच बातें डर कर किताबों में जाकर छिप गई हैं अर्थात् ये पुस्तकों की बातें हो गयी हैं।

सुर सदननि तीरथ पुरनि निपट कुचालि कुसाज।
मनहुँ मवा से मारि कलि राजत सहित समाज॥

तुलसीदास कहते हैं कि देव-मंदिर, तीर्थ स्थान और पुरियों में बुरी तरह से भ्रष्टाचार फैला हुआ है। मानो इन जगहों में कलियुग अपने समस्त दुर्गुणों कपट, असत्य, काम, क्रोध, लोभ, दम्भ, हिंसा, व्यभिचार आदि के साथ घेराबंदी करके रहता है।

गोंड गवाँर नृपाल महि जमन महा महिपाल।
साम न दान न भेद कलि केवल दंड कराल॥

कलिकाल में गोंड़, जंगली और गंवार लोग पृथ्वी के राजा हो रहे हैं तथा म्लेच्छ आदि महाराज। साम, दाम, भेद का इनकी राजनीति में कोई स्थान नहीं है, केवल कठोर दण्ड का ही प्रावधान है।

फोरहिं सिल लोढ़ा सदन लागें अढुक पहार।
कायर कुर कुपूत कलि घर घर सहस डहार॥

तुलसीदास कहते हैं कि जैसे पहाड़ से ठोकर लगने पर पहाड़ का कुछ बिगाड़ न पाने की स्थिति में बुद्धिहीन लोग अपने घर के सिल-लोढ़े को क्षति पहुंचा डालते हैं वैसे ही बुजदिल, क्रूर, कपूत कलिकाल में घर-घर में होंगे, जो अपने परिजनों को ही नुकसान पहुंचाएंगे।

प्रगट चारि पद धर्म के कलि महुँ एक प्रधान।
जेन केन बिधि दीन्हें दान करइ कल्यान॥

तुलसीदास कहते हैं कि धर्म के चार कारण सत्य, अहिंसा शौच और दान

हैं, इनमें से बस एक दान ही कलिकाल में रह गया है। दान जिस भी तरह से दिया जाए वह कल्याणकारी ही होता है।

कलियुग सम जुग आन लहिं जौं नर कर बिस्वास।
गाइ राम गुन गन बिमल भव तर बिनहिं प्रयास।।

तुलसीदास कहते हैं कि मनुष्य अगर आस्था रखे और विश्वास करे तो कलियुग जैसा कोई अन्य युग ही नहीं है। कलिकाल में ईश्वर के नाम की ही प्रधानता है। केवल श्रीराम के पवित्र गुणों का स्मरण करके ही मनुष्य भवसागर से उद्धार पा सकता है।

श्रवन घटहुँ पुनि दृग घटहुँ घटउ सकल बल देह।
इते घटें घटिहै कहा जौं न घटै हरिनेह।।

कान चाहे कम सुनें, आंखों की ज्योति चाहे कम हो जाए, शरीर चाहे निर्बल हो जाए, पर श्रीराम के प्रति लगाव कम न हो तो इनके घटने से कुछ नहीं बिगड़ने वाला।

तुलसी पावस के समय धरी कोंकिलन मौन।
अब तो दादुर बोलिहैं हमें पूछिहै कौन।।

तुलसीदास कहते हैं कि बारिश के मौसम में कोयल मौन धारण कर लेती है, यह सोचकर कि अब तो मेंढक टर्राएंगे, हमें कौन पूछेगा। नाजुक हालातों में दुर्जनों के सामने चुप रहने में ही भलाई है।

कुपथ कुतरक कुचालि कलि कपट दंभ पाषंड।
दहन राम गुन ग्राम जिमि ईंधन अनल प्रचंड।।

तुलसीदास कहते हैं कि कुमार्ग, कुतर्क, कुचाल, कपट, दम्भ, पाखंड को कलिकाल में दहन करने के लिए श्रीराम के गुणों का गान करना वैसा ही है, जैसे ईंधन को भस्म करने के लिए प्रचंड अग्नि।

कलि पाषंड प्रचार प्रबल पाप पावँर पतित।
तुलसी उभय अधार राम नाम सुरसरि सलिल।।

कलिकाल में सिर्फ पाखंड का ही बोलबाला है, पाप की ही प्रबलता है, चारों तरफ शूद्र और पतित ही दिखाई देते हैं। तुलसीदास कहते हैं कि ऐसे में दो ही विकल्प हैं–एक श्रीराम का नाम और दूसरा गंगाजी का जल।

रामचंद्र मुख चंद्रमा चित चकोर जब होइ।
राम राज सब काज सुभ समय सुहावन सोइ।।

जब भगवान राम के चन्द्रमुख को निहारने के लिए मन चकोर बन जाता

है, तब संपूर्ण समय राम राज्य की तरह सर्व सुखदायक हो जाता है, सारे कार्य सफल और शुभदायक होते हैं।

बीच राम गुन गन नयन जल अंकुर पुलकालि।
सुकृति सुतन सुखेत बर बिलसत तुलसी सालि॥

तुलसीदास कहते हैं कि सज्जन पुरुष के पवित्र तन रूपी सुन्दर और उत्तम खेत में प्रभु राम के गुणों के बीज बोए जाएं तथा प्रेमजनित आंसुओं के पावन जल से उन्हें सींचा जाए तब उनमें से अतिहर्ष के कारण पुलधावलि रूप में शुभ अंकुर उत्पन्न होते हैं और तभी राम-भक्ति रूपी धान की खेती लहलहाती है।

तुलसी सहित सनेह नित सुमिरिहु सीता राम।
सगुन सुमंगल सुभ सदा आदि मध्य परिनाम्॥

तुलसीदास कहते हैं कि स्नेहपूर्वक प्रतिदिन सीता-राम के सुन्दर सगुण रूप का ध्यान कर स्मरण करो। आदि, मध्य और अंत में हमेशा शुभ, मंगल और कल्याण होगा।

पुरुषारथ स्वारथ सकल परमारथ परिनाम।
सुलभ सिद्धि सब साहिबी सुमिरत सीता राम॥

सीता-राम का स्मरण करते ही मनुष्य के लिए सारी सिद्धियां सुलभ हो जाती हैं और प्रभुत्व में वृद्धि हो जाती है। सब तरह के मनोरथ, पुरुषार्थ तथा परमार्थ सुलभ होकर प्रभु श्रीराम की भक्ति प्राप्त हो जाती है।

मनिमय दोहा दीप जहँ उर घर प्रगट प्रकास।
तहँ न मोह सतम भय तमी कलि कज्जली बिलास॥

तुलसीदास कहते हैं कि जिस किसी भी व्यक्ति के हृदयांगन में इन दोहों रूपी मणिमय दीपक का उजाला होगा, वहाँ मोह का अंधेरा, भवयुक्त रात्रि और कलिकाल की कालिमा का निवास नहीं हो सकता।

का भाषा का संसकृत प्रेम चाहिऐ साँच।
काम जु आवै कामरी का लै करिअ कुमाच॥

तुलसीदास कहते हैं कि क्या भाषा, क्या संस्कृत, इनकी तो कोई आवश्यकता ही नहीं है, बस प्रभु श्रीराम के नाम की महिमा का गुणगान सच्चे हृदय से करने की जरूरत है। जहाँ कम्बल से ही काम चल सकता है, वहाँ बेशक़ीमती दुशाला का क्या काम?

मनि मानिक महँगे किए सहँगे तृन जल नाज।
तुलसी एते जानिऐ राम गरीब नेवाज॥

तुलसीदास कहते हैं कि बस इतना ही जानना चाहिए कि राम जी गरीबों के रखवाले और दीन-बंधु हैं। यही कारण है कि उन्होंने मणि-माणिक्य आदि जो आवश्यक नहीं हैं, महंगे कर दिए हैं और घास, जल, अनाज, दूध, फल, जिनके बिना जीवों का काम नहीं चल सकता, सस्ता कर दिया है। मनुष्य को इन सबसे ही संतुष्ट रहकर ईश्वर-भजन में ध्यान लगाना चाहिए।

रामचरित मानस के श्रेष्ठ पद

बालकांड

जो सुमिरत सिधि होइ गन नायक करिबर बदन।
करउ अनुग्रह सोइ बुद्धिरासि सुभ गुन सदन।।
मूक होइ बाचाल पंगु चढ़इ गिरिवर गहन।
जासु कृपा सो दयालुद्रवउ सकल कलि मल दहन।।

जिनका स्मरण करने से सारे कार्य सिद्ध होते हैं, जो सबके मालिक और हाथी के समान मुंह वाले हैं, गुणों के धाम और बुद्धि की खान, वे गणेश जी मुझ पर कृपा करें। जिन की अनुकंपा से गूंगा वाचाल हो जाता है और लंगड़ा पहाड़ों के शिखर पर चढ़ जाता है, कलिकाल के सब पापों का दलन करने वाले वे दयालु भगवान मुझ पर अनुकंपा करें।

बंदउं गुरु पद कंज
कृपा सिन्धु नररुप हरि।।
महामोह तम पुंज
जासु बचन रबि कर निकर।।
बंदउं गुरु पद पदुम परागा।
सुरुचि सुबास सरस अनुरागा।।
अमिअ मूरिमय चूरन चारू।
समन सकल भव रुज परिवारू।।

मैं उन गुरु के चरण कमलों की वंदना करता हूं, जो कृपा सिंधु तथा नर रूप में भगवान हैं और जिनके वचन, माया-मोह के तम को दूर करने के लिए सूर्य की किरणों का समूह हैं। मैं फिर से सद्‌गुरु के चरण-कमलों की धूलि की आराधना करता हूं, जो सुन्दर, सुगंधित, सरस और अनुराग से परिपूर्ण है। सद्‌गुरु की चरण-धूलि जड़ी-बूटियों का सुन्दर चूर्ण है, जिससे जगत के सारे तापों व रोगों का शमन हो जाता है।

साधु चरित सुभ चरित कपासू।
निरस बिसद गुनमय फल जासू।।
जो सहि दुख परछिद्र दुरावा।
बन्दनीय जेहिं जग जस पावा।।

साधुजनों का चरित्र कपास की तरह शुभदायक होता है, जिसका फल नीरस, विशद और कल्याणकारी होता है, जैसे कपास काते-बुने जाने का दु:ख बर्दाश्त कर वस्त्र रूप में दूसरों के अंगों को ढकता है, वैसे ही साधुजन स्वयं कष्ट सहकर दूसरों का भला करते हैं, जिससे जगत में साधुजन वंदनीय यश पाते हैं।

बिनु सतसंग बिबेक न होई।
राम कृपा बिनु सुलभ न सोई।।
सतसंगत मुद मंगल मूला।
सोई फल सिधि सब साधन फूला।।
सठ सुधरहिं संतसंगति पाई।
पारस परस कुधातु सुहाई।।
बिधि बस सुजन कुसंगत परहीं।
फनि मनि सम निज गुण अनुसरही।।

बिना सत्संग के विवेक नहीं होता है और श्री राम की कृपा के बिना सत्संग की प्राप्ति भी नहीं होती है। सत्संग आनंद, मंगल का मूल यानी जड़ है। सत्संग ही फल है और सब सिद्धियां तो फूल के समान हैं। दुष्ट सत्संग पाकर ही सुधरते हैं जैसे पारस के संपर्क में आकर निकृष्ट लोहा बेशकीमती सोना हो जाता है। विधिवश कभी सज्जन कुसंगति में पड़ जाते हैं तो वे सर्प की मणि की तरह अपने गुणों की रोशनी दुर्जनों को दिखाते हैं और उनके अवगुणों का अनुसरण नहीं करते हैं। कहने का भाव है कि सज्जन कुसंगति में पड़कर भी सज्जनता नहीं छोड़ते हैं।

भलो भलाइहि पै लहइ लहइ निचाइहि नीचु।
सुधा सराहिअ अमरतां गरल सराहिअ मीचु।।

सज्जन सज्जनता को ही अपनाता है और दुर्जन दुर्जनता को ही ग्रहण करता है। अमृत का नाम अमर करने में होता है और विष का नाम मारने में होता है।

गगन चढ़इ रज पवन प्रसंगा।
कीचहिं मिलइ नीच जल संगा॥
साधु असाधु सदन सुक सारी।
सुमिरहिं राम देहिं गनि गारीं॥

आसमान में चढ़कर हवा के संग धूल उड़ती है, पानी के संग कीचड़ भी मिल जाता है। सज्जन के घर के तोता-मैना 'राम-राम' रटते हैं और दुर्जनों के घर के तोता-मैना चुन-चुनकर गालियां सुनाते हैं।

होइहि सोइ जो राम रचि राखा।
को करि तर्क बढ़ावै साखा॥

भगवान श्रीराम ने जो भाग्य में लिख रखा है वही होगा, बहस करना व्यर्थ है।

जलु पय सरिस बिकाइ देखहु प्रीति की रीति भलि।
बिलग होइ रसु जाइ कपट खटाई परत पुनि॥

दूध में जल घुल-मिल जाता है और दूध के भाव ही बिकता है। यह प्रेम की अनोखी रीति देख लो लेकिन कपट रूपी खटाई के पड़ते ही दूध फट जाता है, फिर दूध-पानी अलग हो जाते हैं और रस-प्रेम यानी प्रीति की यह रीति समाप्त हो जाती है। प्रेम बेस्वाद और रसहीन हो जाता है।

जदपि मित्र, प्रभु, पित, गुरु गेहा।
जाइय बिनु बोलेहुं न सन्देहा॥
तदपि विरोध मान जहं कोई।
तहां गएं कल्यानु न होई॥

मित्र, स्वामी, पिता और गुरु के घर बिना बुलावे के भी जाना चाहिए लेकिन जहां किसी को अच्छा नहीं लगता है, कोई विरोध है, वहां जाना किसी भी दृष्टि से ठीक नहीं है। वहां भला नहीं होने वाला।

जद्यपि जग दारुन दुख नाना।
सब तें कठिन जाति अवमाना॥

वैसे तो दुनिया में तरह-तरह के असहनीय कष्ट हैं, फिर भी अपनी जाति का अपमान अत्यंत ही असहनीय कष्ट होता है।

सुभ अरु असुभ सलिल सब बहई।
सुरसरि कोउ अपुनीत न कहई॥

समरथ कहुं नहिं दोसु गोसाईं।
रवि पावक सुरसरि की नाईं॥

शुभ और अशुभ हर तरह के पदार्थ गंगाजी में बहते हैं लेकिन गंगाजी के जल को कोई भी अपावन नहीं कहता है। तुलसीदास कहते हैं कि सूर्य, अग्नि और गंगा की तरह ही समर्थवान को कुछ भी दोष नहीं लगता है।

गुरु कें बचन प्रतीति न जेही।
सपनेहुं सुगम न सुख सिधि तेही॥

गुरु की बातों पर जिसको भरोसा नहीं है, उसको सपने में भी सुख नहीं मिलता।

जन्म कोटि लगि रगर हमारी।
बरउं सम्भु न त रहउं कुआरी॥

पार्वती जी कहती हैं कि मेरी करोड़ों जन्म तक यही जिद्द रहेगी कि या तो शिवजी से विवाह करूंगी या फिर अविवाहित ही रहूंगी।

पर हित लागि तजइ जो देही।
सन्तत सन्त प्रसंसहिं तेही॥

दूसरों के हित के लिए जो व्यक्ति अपना शरीर त्याग देता है, सज्जन पुरुष सदा ही उसकी सराहना करते हैं।

अगुन सगुन दुई ब्रह्म सरूपा।
अकथ अगाध अनादि अनूपा॥
मोरे मत बड़ नामु दुहू तें।
किए जेहि जुग निज बस निज बूतें॥

निर्गुण तथा सगुण ब्रह्म के दो स्वरूप हैं। ये दोनों ही अकथनीय, अगाध, अनादि और सुन्दर हैं। मेरे विचार से नाम इन दोनों से बड़ा है, जिसने अपनी शक्ति से इन दोनों (निर्गुण–सगुण) को अपने वश में किया है।

सगुनहि अगुनहि नहि कछु भेदा।
गावहिं मुनि पुरान बुध बेदा॥
अगुन अरुप अलख अज जोई।
भगत प्रेम बस सगुन सो होई॥
जो गुन रहित सगुन सोई कैसे।
जलु हिम उपल बिलग नहिं जैसे॥

मुनि, पुराण, पंडित और वेदों का मुक्त कंठ से बस यही कहना है कि सगुण–निर्गुण में कोई अंतर नहीं है। जो निर्गुण अरूप, अलख, अजन्मा है, वही

भक्तों के कारण सगुण यानी साकार हो जाता है। जो निर्गुण है, वहां सगुण कैसे है? इसका जवाब है – जैसे जल तथा बर्फ में कुछ भी अन्तर नहीं, दोनों जल ही हैं, ठीक इसी प्रकार सगुण व निर्गुण एक ही हैं। इनमें रत्ती–भर भी अंतर नहीं है।

बड़े सनेह लघुन्ह पर करहीं।
गिरि निज सिरनि सदा तृन धरहीं।।
जलधि अगाध मौलि बह फेनू।
सन्तन धरनि धरत सिर रेनू।।

छोटों पर बड़े लोगों का स्नेह सदा ही रहता है। पर्वत अपने सिर पर सदा ही घास व पौधों आदि को धारण किए रहते हैं। अगाध समुद्र अपने सिर पर फेन (गाज) को धारण किए रहता है और धरती धूल कणों को खुशी–खुशी अपने माथे पर रखे रहती है।

जिन कर नाम लेत जग माहीं।
सकल अमंगल मूल नसाहीं।।
करतल होहिं पदारथ चारी।
तेइ सिय रामु कहेउ कामारी।।

जिनके नाम का स्मरण करते ही संसार के सारे अमंगल जड़ सहित नष्ट हो जाते हैं और चारों पदार्थ धर्म, अर्थ, काम, मोक्ष हाथ में आ जाते हैं, ये वही श्री राम हैं, ऐसा महादेव ने कहा है।

हरि अनन्त हरि कथा अनन्ता।
कहहिं सुनहिं बहुबिधि सब सन्ता।।
रामचन्द्र के चरित सुहाए।
कलप कोटि लगि जाहिं न गाए।।

हरि अनंत हैं और हरि कथा अनंत है। सब संत बहुविधि से कहते और सुनते हैं। भगवान श्रीराम का सुन्दर चरित्र करोड़ों कल्पों में भी नहीं कहा जा सकता या नहीं लिखा जा सकता।

राखई गुरु जौं कोप विधाता।
गुर विरोध नहिं कोउ जग त्राता।।

गुरु से विरोध या शत्रुता रखने वालों की सहायता संसार में कोई नहीं कर सकता है, यहां तक कि विधाता भी नहीं। गुरु का विरोध स्वप्न में भी नहीं करना चाहिए।

बाढ़े खल बहु चोर जुआरा।
जे लम्पट परधन परदारा।।

मानहिं मातु पिता नहिं देवा।
साधुन्ह सन करवावहिं सेवा।।
जिन्ह के यह आचरन भवानी।
ते जानेहु निसिचर सब प्रानी।।

पराए धन, पराई स्त्री पर कुदृष्टि रखने वाले, दुष्ट, चोर तथा जुआरी, माता, पिता, देवों, साधुओं की सेवा करना तो दूर, उल्टे उनसे सेवा कार्य करवाते हैं। हे पार्वती! जिन लोगों का ऐसा आचरण है, उन्हें राक्षस ही समझना चाहिए।

मातु पिता गुर प्रभु कै बानी।
बिनहि बिचार करिअ सुभ जानी।।

माता, पिता, गुरु और स्वामी की बातें शुभ जानकर मन में बिना कोई विचार लाए, उनका पालन करना चाहिए।

सीय बिलोकि धीरता भागी।
रहे कहावत परम बिरागी।।

सीता जी को ससुराल जाते देखकर महावैरागी राजा जनक का भी धैर्य टूट गया।

सासु ससुर गुर सेवा करहू।
पति रुख लखि आयसु अनुसरेहु।।

सीता की माता सीता से कहती है कि सास, ससुर तथा गुरुजनों की सेवा करना। पति का चेहरा देखकर उनकी आज्ञा के अनुसार ही चलना।

स्याम गौर किमि कहौं बखानी।
गिरा अनयन नयन बिनु बानी।।

सखियां सीताजी से कहती हैं कि श्यामवर्ण श्रीराम और गौरवर्ण लक्ष्मण की सुंदरता का बखान किन शब्दों में करें - वाणी बिना आंखों की है और आंखें बिना वाणी की हैं।

सुन्दरता कहुं सुन्दर करई।
छविगृहं दीपसिखा जनु बरई।।
सब उपमा कबि रहे जुठारी।
केहिं पटतरौं बिदेहकुमारी।।

सीताजी की सुंदरता, सुंदरता को भी सुंदर करने वाली है। सीता जी की सुंदरता की ज्योति से पूरा भवन जगमगा उठा है। तुलसीदास कहते हैं कि जितनी भी उपमाएं हैं, वे कवियों ने जूठी कर दी हैं। मैं विदेहकुमारी सीताजी के सौंदर्य की उमपा किससे दूं?

जिन्ह कै लहहिं न रिपु रन पीठी।
नहिं लावहिं परतिय मन डीठी॥
मंगन लहहिं न जिन्ह कै नाहीं।
ते नरबर थोरे जग माहीं॥

जो शत्रुओं को अपनी पीठ नहीं दिखाते यानी रणक्षेत्र से नहीं भागते, जो पर-स्त्री को कामुक नजरों से नहीं देखते, जिनके यहां भिखारी नहीं दिखाई देते, ऐसे मनुष्य संसार में थोड़े ही होते हैं।

जिन्ह के रही भावना जैसी।
प्रभु मूरति तिन्ह देखी तैसी॥

जिनकी जैसी भावना होती है, प्रभु की मूर्ति उन्हें वैसी ही नजर आती है। अर्थात हम जैसे होते हैं, वैसा ही सोचते हैं।

जेहि कें जेहि पर सत्य सनेहू।
सो तेहि मिलई न कछु सन्देहू॥

जिसका जिस पर सच्चा स्नेह होता है तो इसमें कोई संशय नहीं, वह उसे जरूर ही मिलता है।

तृषित बारि बिनु जो तनु त्यागा।
मुएं करइ का सुधा तड़ागा॥

अगर प्यासा पानी के बिना शरीर का त्याग कर दे तो उसके निधन के बाद अमृत का सरोवर भी व्यर्थ है।

का बरषा जब कृषि सुखानें।
समय चुकें पुनि का पछितानें॥

खेत सूख जाने के बाद वर्षा होने का काई लाभ नहीं होता। उसी तरह अनुकूल अवसर हाथ से निकल जाने पर पछताने से कोई लाभ नहीं होता?

बीरब्रती तुम्ह धीर अछोभा।
गारी देत न पावहु सोभा॥

लक्ष्मण जी कहते हैं कि आप वीरव्रती यानी वीरता का व्रत धारण करने वाले हैं, धैर्यवान हैं तथा दु:खों से रहित हैं, आपके मुख से गाली शोभा नहीं देती।

सो कुल धन्य उमा सुनु जगत पूज्य सुपुनीत।
श्री रघुवीर परायन जेहिं नर उपज विनीत॥

भगवान शंकर कहते हैं कि हे उमा! वह कुल धन्य है, विश्व-भर के लिए पूजनीय है और सुपवित्र है, जिसमें श्रीराम से अनन्य प्रेम करने वाला पुरुष पैदा हो।

अयोध्या कांड

जे गुर चरन रेनु सिर धरहीं।
ते जनु सकल बिभव बस करहीं॥
मोहि सम यहु अनुभयउ न दूजें।
सब पायउं रज पावनि पूजें॥

जो सदगुरु के चरणों की धूल माथे पर लगाते हैं, वे सभी तरह के वैभव को अपने वश में कर लेते हैं। राजा दशरथ कहते हैं कि गुरु के चरणों की धूल की पूजा करके मैंने सब तरह के वैभवों को पा लिया है।

ऊंच निवासु, नीचि करतूती।
देखि न सकहिं पराई बिभूती॥

जिन लोगों का निवास ऊंचा होता है और कर्म नीच होता है, वे दूसरों के वैभवपूर्ण जीवन को देखकर ईर्ष्या करते हैं।

काने खोरे कूबरे कुटिल कुचाली जानि।
तिय बिसेषि पुनि चेरि कहि भरतमातु मुसुकानि॥

काणे, लंगड़े और कुबड़े कुटिल व कुचाली होते हैं। इनमें भी औरत तथा विशेष रूप से दासी, कुचाली और कुटिल होती है, यह कहकर भरत की माता कैकेयी मुस्करा पड़ी।

नहिं असत्य सम पातक पुंजा।
गिरि सम होहि कि कोटिक गुंजा॥
सत्यमूल सब सुकृत सुहाए।
बेद पुरान बिदित मनु गाए॥

झूठ के समान कोई अन्य पापों का पुंज नहीं है। क्या करोड़ों घुंचियां मिलकर भी पहाड़ के बराबर हो सकती हैं? सत्य ही हर तरह के कर्मों का मूल है। वेद, पुराण और मनु ने ऐसा ही कहा है।

सुन जननी सोई सुतु बड़भागी।
जो पितु मातु बचन अनुरागी॥
तनय मातु पितु तोषनिहारा।
दुर्लभ जननि सकल संसारा॥

हे माता! सुनो, वही पुत्र भाग्यशाली है जो माता-पिता के वचन को मानने वाला होता है। माता-पिता को संतुष्ट रखने वाला पुत्र समस्त संसार में दुर्लभ है।

मैं पुनि समुझि दीखि मन माहीं।
प्रिय वियोग सम दुखु जग नाहीं॥

सीता जी श्रीराम से बोलीं कि मैंने यह बात अच्छी तरह से समझ ली है, पिया-बिछोह के समान दुनिया में कोई दूसरा दुःख नहीं है।

जिय बिनु देह नदी बिनु बारी।
तैसिअ नाथ पुरुष बिनु नारी॥

सीता जी कहती हैं कि जैसे बिना जीव की देह और बिना पानी की नदी है, वैसे ही हे नाथ! पुरुष के बिना स्त्री होती है अर्थात् पति के बिना पत्नी की दशा ऐसी ही होती है।

जहं लगि नाथ नेह अरु नाते।
पिय बिनु तियहि तरनिहु ते ताते॥
तनु धनु धामु धरनि पुर राजू।
पति बिहीन सबु सोक समाजू॥

हे नाथ! जहां तक प्रेम और रिश्ते हैं, पति के बिना स्त्री को सभी सूर्य से भी अधिक जलाने वाले हैं। धन, घर, धरती, राजपाट पति के बिना सब शोक के कारण हैं यानी शोक और खिन्नता ही देने वाले हैं।

जासु राज प्रिय प्रजा दुखारी।
सो नृपु अवसि नरक अधिकारी॥

जिस राजा के राज्य में प्रिय प्रजा दुखी रहती है, वह राजा अवश्य ही नरकगामी होता है।

काहु न कोउ सुख दुख कर दाता।
निज कृत करमु भोग सबु भ्राता॥

कोई भी किसी को सुख या दुःख नहीं देता है, सब अपने ही द्वारा किए गए कर्मों का फल भोगते हैं।

करम प्रधान बिस्व कर राखा।
जो जस करइ सो तस फलु चाखा॥

विश्व में कर्म ही प्रधान है। जो जैसा करता है, उसे वैसा ही फल मिलता है।

काम कोध मद मान न मोहा।
लोभ न छोभ न राग न द्रोहा॥
जिन्ह कें कपट दम्भ नहीं माया।
तिन्ह कें हृदय बसहु रघुराया॥

जिनके हृदय में न तो काम, क्रोध, मद, अभिमान और न ही मोह है, न लोभ है, न क्षोभ है, न प्रेम है, न द्रोह है और न कपट, न घमंड, न माया ही है, उनके हृदय में भगवान श्री राम वास करते हैं।

जननी सम जानहिं परनारी।
धनु पराव बिष तें बिष भारी॥
जे हरषहिं पर सम्पति देखी।
दुखित होहि पर बिपति बिसेषी॥

जो पर-स्त्री को माता के समान मानते हैं, पराए धन को विष के समान मानते हैं, जो दूसरों की संपत्ति को देखकर हर्षित होते हैं और दूसरे के दुःख व विपत्ति में दुःखी होते हैं, वे बड़े ही महान हैं।

बिषई जीव पाई प्रभुताई।
मूढ़ मोह बस होहिं जनाई॥

मूढ़ और विषय वासना में लिप्त लोग उच्च पद पाकर मोहवश पगला जाते हैं।

धन्य जनमु जगतीतल तासू।
पितहि प्रमोद चरित सुनि जासू॥
चारि पदारथ करतल ताकें।
प्रिय पितु मातु प्रान सम जाकें॥

इस धरती पर उसका जन्म होना धन्य है, जिसका चरित्र सुनकर पिता को अत्यंत ही प्रसन्नता हो। जिस पुत्र के लिए माता-पिता प्राणों के समान प्रिय होते हैं उसकी मुट्ठी में धर्म, अर्थ, काम-मोक्ष चारों पदार्थ होते हैं अर्थात् वह संसार के सारे सुखों और सारे पदार्थों का भोग करने वाला होता है।

सकुचउं तात कहत एक बात।
अरध तजहि, बुध सरबस जाता॥

वशिष्ठ जी भरत से कहते हैं कि हे तात! एक नीति वचन बताता हूं—विवेकवान व्यक्ति सब कुछ जाता देखकर आधे से ही सब्र कर लेते हैं।

अनुचित उचित काजु किछु होऊ।
समुझि करिअ भल कह सब कोऊ॥
सहसा करिं पाछें पाछिताहीं।
कहहि बेद बुध ते बुध नाहीं॥

किसी भी काम को, उसका उचित-अनुचित समझकर किया जाता है, तभी सभी अच्छा कहते हैं। वेद और बुद्धिमान कहते हैं कि जो अचानक किसी कार्य को करने के बाद अफसोस करते हैं; तो वे बुद्धिमान नहीं हैं।

मैं जानउं निज नाथ सुभाऊ।
अपराधिहु पर कोह न काऊ॥
मो पर कृपा सनेहु बिसेषी।
खेलत खुनिस न कबहुं देखी॥
सिसुपन तें परिहरेउं न संगू।
कबहुं न कीन्ह मोर मन भंगू॥
मैं प्रभु कृपा रीति जियं जोही।
हारेहुं खेल जितावहिं मोही॥

भरत राम के विषय में कहते हैं कि मैं श्रीराम के स्वभाव को भली प्रकार से जानता हूं। वे अपराध करने पर भी कभी गुस्सा नहीं होते हैं। मुझ पर तो उनकी विशेष अनुकंपा और प्रेम है। मैंने तो खेलते समय भी कभी उनको क्रोध करते हुए नहीं देखा है। बचपन से ही मुझे उन से बहुत प्रेम मिला है। उन्होंने कभी भी मेरे मन को आहत नहीं किया है। मैंने श्रीराम की कृपा की रीति को हृदय से पहचाना है, खेल में हारने पर भी श्रीराम मुझे जिता दिया करते थे।

प्रभु अपने नीचहु आदरहीं।
अगिनि धूम गिरि सिर तिनु धरहीं॥

प्रभुराम अपने नीच लोगों का भी वैसे ही आदर-सम्मान करते हैं; जैसे अग्नि धुएं को और पर्वत घास को अपने सिर पर रखते हैं।

अरण्यकांड

नवनि नीच कै अति दुखदाई।
जिमि अंकुस धनु उरग बिलाई॥

दुष्ट व्यक्तियों का अचानक ही सिर झुकाना या प्रणाम करना, बहुत ही दुख-दायक है, जैसे अंकुश, धनुष, सांप और बिल्ली का झुकना।

परहित बस जिन्ह के मन माहीं।
तिन्ह कहुं जग दुर्लभ कछु नाहीं॥

जिन व्यक्तियों के मन में दूसरों के हित का भाव होता है, उनके लिए संसार की कोई भी चीज दुर्लभ नहीं होती।

धीरज धर्म मित्र अरु नारी।
आपद काल परिखिअहिं चारी॥

धैर्य, धर्म, मित्र और नारी की परीक्षा विपत्ति काल में ही होती है। संकट काल में इन चारों के बारे में पता चल जाता है कि ये कितना प्रेम करते हैं।

तुलसी देखि सुबेषु भूलहिं मूढ़ न चतुर नर,
सुन्दर केकहि पेखु बचन सुधा सम असन अहि।

तुलसीदास कहते हैं कि सुन्दर वेश देखकर मूर्ख ही नहीं, बुद्धिमान मनुष्य भी भ्रम में पड़कर ठग जाते हैं। सुन्दर मोर को तो देखो, बोलता कितना मीठा है और खाता सांप है।

फल भारन नमि बिपट सब रहे भूमि निअराइ।
पर उपकारी पुरुष जिमि नवहिं सुसंम्पति पाइ॥

फलने के बाद पेड़ धरती की तरफ झुक जाते हैं जैसे दूसरों का भला करने वाले मनुष्य सुसंपत्ति पाकर विनम्र और सुशील बन जाते हैं।

एकइ धर्म एक ब्रत नेमा।
कायं बचन मन पति पद प्रेमा॥

पत्नी के लिए एक ही धर्म, एक ही व्रत और एक ही नियम है—मन,

कर्म, वचन से पति के चरणों की नित सेवा करना।

राजनीति, बिनु धन बिनु धर्मा।
हरिहि समर्पे बिनु सतकर्मा।।
बिद्या बिनु विवेक उपजाएं।
श्रम फल पढ़े किएं अरु पाएं।।
संग तें जती कुमन्त्र ते राजा।
मान ते ज्ञान पान तें लाजा।।
प्रीति प्रनय बिमु मद ते गुनी।
नासहिं बेगि नीति अस सुनी।।

नीति के बिना राज्य, धर्म के बिना धन, ईश्वर को समर्पित किए बिना कार्य, विवेक के बिना विद्या पढ़ने से, हाथों में केवल श्रम ही आता है। विषय-वासना से संन्यासी, गलत मंत्रणा से राजा, अभिमान से ज्ञान, शराब से शर्म, नम्रता के बिना प्रेम और अहंकार से ज्ञान शीघ्र ही समाप्त हो जाता है। सूर्पणखा रावण से कहती है कि इन नीतिवचनों को मैंने सुना है।

प्रथम भगति सन्तह कर संगा।
दूसरि रति मम कथा प्रसंगा।।
गुर पद पंकज सेवा तीसरि भगती अमान।
चौथि भगति मम गुन गन करइ कपट तजि गान।।
मन्त्र जाप मम दृढ़ बिस्वासा।
पंचम भजन सो वेद प्रकासा।।
छठ दम सील विरति बहु करमा।
निरत निरन्तर सज्जन धरमा।
सातवं सम मोहि मय जग देखा।
मोतें सन्त अधिक करि लेखा।।
आठवं जथालाभ सन्तोषा।
सपेनहु नहिं देखइ परदोषा।।
नवम सरल सब मन छलहीना।
मम भरोस हियं हरष न दीना।।

पहली भक्ति संतों की संगत है। दूसरी भक्ति भगवान की कथा को प्रेम भाव से सुनना है। तीसरी भक्ति अभिमान का परित्याग कर गुरु पद की सेवा करना है। चौथी भक्ति कपट का त्याग कर भगवान के गुणों का गान करना

है। पांचवीं भक्ति राम नाम का ज़ाप और उसमें अटूट आस्था रखना है। छठवीं भक्ति इंद्रियों को वश में रखना, सहज व्यवहार, सांसारिक कर्मों से विरक्ति और सज्जन व्यक्तियों के बताए मार्ग पर चलना है। सातवीं भक्ति पूरे संसार को ईश्वर का स्वरूप मानना और भगवान से भी अधिक संतों को समझना है। आठवीं भक्ति जो मिल जाए, उसी में संतोष-सब्र करना है और सपने में भी दूसरों का दोष न देना है। नौवीं भक्ति सब के साथ कपटहीन व्यवहार करना तथा हृदय से हमेशा भगवान पर भरोसा करना और सदा हर्षित रहना है।

सेवक सुख वह मान भिखारी।
व्यसनी धन सुभगति विभिचारी॥
लोभी जसु चह चार गुमानी।
नभ दुहि दूध चहत एं प्रानी॥

सेवक सुख की इच्छा रखे, भिखारी मान-सम्मान की इच्छा रखे, व्यसनी धन तथा व्यभिचारी शुभ गति की इच्छा रखे, लोभी यश की इच्छा रखे और गुमानी धर्म, अर्थ, काम, मोक्ष इन चारों फलों की इच्छा रखे तो ये सब लोग आसमान को दुहकर दूध निकालने का असफल प्रयास करते हैं।

किष्किन्धा कांड

सेवक सठ नृप कृपन कुनारी।
कपटी मित्र सूल सम चारी।

दुष्ट सेवक, कृपण राजा, व्यभिचारी स्त्री और कपटी मित्र - ये चारों कांटे के समान हैं और सदा ही पीड़ा पहुंचाते रहते हैं।

सत्रु मित्र सुख दुख जग माहीं।
माया कृत परमारथ नाहीं।।

जगत में शत्रु, मित्र, सुख, दुःख ये सब मोह-माया के द्वारा उत्पन्न हुए हैं, इनमें कोई सत्यता नहीं है और न ही ये परमार्थ हैं।

अनुज बधू भगिनी सुत नारी।
सुनु सठ कन्या सम ए चारी।।
इन्हहि कुदृष्टि बिलोकइ जोई।
ताहि बधें कछु पाप न होई।।

प्रभु राम बाली को नीतिवचन बताते हैं कि हे मूढ़ सुन! छोटे भाई की पत्नी, बहन, पुत्र की पत्नी, पुत्री ये चारों कन्या समान हैं। इनमें कोई अंतर नहीं है। इनको जो भी कोई कुदृष्टि से देखता है उसका वध करने में कोई पाप नहीं है।

छिति जल पावक गगन समीरा।
पंच रचित अति अधम सरीरा।।

पृथ्वी, जल, अग्नि, आकाश, हवा इन पंचतत्वों से इस अधम शरीर की रचना हुई है।

सुर नर मुनि सबकै यह रीति।
स्वारथ लागि करहिं सब प्रीति।।

देवता, मनुष्य, मुनि-इनकी यही रीति है, ये सब स्वार्थवश प्रेम करते हैं।

जे न मित्र दुख होहिं दुखारी।
तिन्हहि बिलोकत पातक भारी।।

निज दुख गिरि सम रज करि जाना।
मित्र के दुख रज मेरु समाना।।

जो मित्र के दुःख से दुःखी नहीं होते, उनको देखने से भी पाप लगता है। अपने पर्वत के समान बड़े और भारी दुःख को धूल के समान हल्का तथा मित्र के धूल के समान हल्के दुःख को पर्वत के समान बड़ा और भारी समझने वाला व्यक्ति ही सच्चा मित्र है।

दामिनि दमक रह न धन माहीं।
खल कै प्रीति जथा थिर नाहीं।।

जैसे मेघ में बिजली की चमक क्षण-भर ही रहती है, वैसे ही दुष्टों का प्रेम क्षणिक होता है। उनके प्रेम में स्थिरता नहीं होती।

नाथ विषय सम मद कछु नाहीं।
मुनि मन मोह करइ छन माहीं।

सुग्रीव भगवान राम से कहते हैं कि हे प्रभु! विषयों के प्रति आसक्ति जैसा, संसार में दूसरा कोई भी मद नहीं है। यह तो मुनियों के हृदय में भी पल-भर में ही मोह उत्पन्न कर देता है।

भूमि परत भा ढाबर पानी।
जनु जीवहिं माया लपटानी।।

जैसे धरती पर बरसते ही पानी गंदा हो जाता है, वैसे ही जीव धरती पर आते ही संसार के मोह-माया में फंसकर अशुद्ध हो जाता है।

सिमिटि सिमिटि जल भरहिं तलावा।
जिमि सदगुन सज्जन पहि आवा।।
सरिता जल जलनिधि महुं जाई।
होई अचल जिमि जिव हरि पाई।।

जैसे पानी जमा होकर नदियों में भर जाता है वैसे ही सद्गुण धीरे-धीरे सज्जनों के पास चले आते हैं। नदी का जल समुद्र में जाकर वैसे ही शांत हो जाता है जैसे ईश्वर को प्राप्त कर जीव स्थिर और शांत हो जाता है। वह जीवन-मरण के फेर से सदा के लिए ही मुक्त हो जाता है।

भानु पीठि सेइअ उर आगी।
स्वामिहि सर्व भाव छल त्यागी।।

सूर्य की तरफ पीठ करके सूर्य की गरमी को लिया जाता है और आग की गरमी उसकी तरफ मुंह करके ली जाती है लेकिन स्वामी की, सारे छल

भाव त्यागकर हृदय से सेवा करनी चाहिए।

विषय वस्य सुर नर मुनि स्वामी।
मैं पांवर पसु कपि अति कामी।।
नारि नयन सर जाहि न लागा।
घोर क्रोध तम निसि जो जागा।।
लोभ पांस जेहि गर न बंधाया।
सो नर तुम्ह समान रघुराया।।
यह गुण साधन ते नहिं होई।
तुम्हरी कृपा पाव कोई कोई।।

सुग्रीव प्रभुराम से कहते हैं कि हे नाथ! देवता, मनुष्य, मुनि सब विषयानुरागी हैं, फिर मैं तो मूढ़ पशु और वह भी अति कामी बन्दर हूं। स्त्री के नयन-बाण ने किसको नहीं आहत किया, जो क्रोध की काली रात में भी जागता रहता है अर्थात् अपनी चेतना को नहीं खोता है और लोभ की फांस से जिसने अपने गले को नहीं बंधवाया है, हे श्रीराम! वह मनुष्य आप जैसा है। ऐसे गुण प्रयत्न करने से मनुष्य को प्राप्त नहीं होते हैं बल्कि आपकी अनुकंपा से कोई-कोई ही ऐसे गुणों को प्राप्त कर पाता है।

सुन्दरकांड

तात स्वर्ग अपबर्ग सुख धरिअ तुला एक अंग।
तूल न ताहि सकल मिलि जो सुख लव सतसंग॥

हे तात! स्वर्ग और परमार्थ के सारे सुखों को तराजू के एक पलड़े पर रखा जाए तब भी वे सब मिलकर एक पल के सत्संग के बराबर मूल्यवान नहीं हो सकते हैं।

सुमति कुमति सब कें उर रहहीं।
नाथ पुरान निगम अस कहहीं॥
जहां सुमति तहं सम्पत्ति नाना।
जहां कुमति तहं बिपति निदाना॥

विभीषण रावण को समझाते हैं कि हे स्वामी! पुराण और वेदों का कहना है कि सुमति व कुमति सब के ही हृदय में हर पल रहती हैं। जहां पर सुमति होती है वहां पर नाना प्रकार की संपत्तियां होती हैं और जहां कुमति का वास होता है, वहां विपत्ति ही विपत्ति का वास होता है।

बरु भल बास नरक कर ताता।
दुष्ट संग जनि देह बिधाता॥

दुष्टों की संगति में रहने से अच्छा है कि नरक मिल जाए। हे विधाता! कुछ भी दण्ड दे दो, पर दुष्ट का साथ न दो।

कायर मन कहुं एक अधारा।
दैव दैव आलसी पुकारा॥

बुजदिल लोग मन को ढांढस बंधाने के लिए पूजा-अर्चना करते हैं। उनकी आराधना में ईश्वर के प्रति आस्था या निष्ठा नहीं होती। कायर व आलसी लोग ही सदा दैव-दैव पुकारा करते हैं।

निर्मल मन जन सो मोहि पावा।
मोहि कपट छल छिद्र न भावा॥

जिसका मन निर्मल है, उन्हे ही भगवान की प्राप्ति होती है। उन्हें स्वप्न में भी कपट-छल नहीं भाता।

सठ सन बिनय कुटिल सन प्रीती।
सहज कृपन सन सुन्दर नीति।।
ममता रत सन ग्यान कहानी।
अति लोभी सन बिरति बखानी।।
क्रोधहि सम कामिहि हरि कथा।
ऊसर बीज बएं फल जथा।।

दुष्ट से आग्रह, कुटिल से प्रेम, कंजूस से नीति वचन, मायानुरागी से ज्ञान की बातें, लोभी को वैराग्य का ज्ञान, क्रोधी और कामी से हरि कथा कहना, वैसा ही है जैसे ऊसर भूमि में बीज डालना।

काटेहिं पइ क़दरी फरइ कोटि जतन कोउ सींच।
बिनय न मान खगेस सुनु डाटेहिं पइ नव नीच।।

कोई कितना भी जतन कर ले लेकिन केला काटने पर ही फलता है। हे खंगेस! दुर्जन व्यक्ति विनय की भाषा नहीं समझता है। वह डांटने-फटकारने पर ही बात को समझता है।

कोटि बिप्र बध लागहिं जाहू।
आएं सरन तजऊं नहि ताहू।।
सनमुख होइ जीव मोहि जबहीं।
जन्म कोटि अघ नसहिं तबहीं।।

प्रभु श्रीराम कहते हैं कि कोई करोड़ों ब्राह्मणों की हत्या के पाप से ग्रसित हो, अगर वह मेरी शरण में आ जाता है तो मैं उसे छोड़ता नहीं हूं। अपनी शरण में उसे पनाह अवश्य देता हूं। जीव मेरे सामने जैसे ही हो जाता है अर्थात् विश्वास कर मुझमें ही रम जाता है, उसके करोड़ों जन्मों के पाप नष्ट हो जाते हैं।

लंका कांड

नाथ बयरु कीजे ताहीं सों।
बुधि बल सकिअ जीत जाही सों।

मंदोदरी रावण को समझाती है कि बैर उससे ही करना चाहिए, जिसे बुद्धि विवेक और सैन्य-शक्ति से परास्त किया जा सके।

साम दाम अरु दंड बिभेदा।
नृप उर बसहिं नाथ कहे बेदा॥
नीति धर्म के चरन सुहाए।
अस जियं जानि नाथ पहिं आए॥

हे स्वामी! वेद ऐसा कहते हैं कि साम, दाम, दंड, भेद ये चारों गुण राजा के हृदय में वास करते हैं। ये नीति-धर्म के मूख्य आधार स्तम्भ, जो रावण के पास थे, अब हे प्रभु राम! आपके पास आ गए हैं।

छीजहिं निसिचर दिनु अरु राती।
निज मुख कहें सुकृत जेहि भांती॥

अपने मुख से अपने कार्यों की प्रशंसा करने से जैसे अपने ही कार्यों की निंदा होती है, उसी तरह से राक्षस अपने आप ही दिन-रात मृत्यु को प्राप्त कर रहे हैं। अपने ही मुख से अपनी बड़ाई करना ठीक नहीं होता।

काल दंड गहि काहु न मारा,
हरइ धर्म बल बुद्धि बिचारा॥

मंदोदरी रावण से कहती है कि काल लाठी लेकर किसी को भी नहीं मारता है। वह तो जिसको मारना होता है उसका धर्म, शक्ति, बुद्धि तथा विचार को ही हर लेता है।

उत्तरकांड

मो सम दीन न दीन हित तुम्ह समान रघुवीर।
अस विचारि रघुबंस मनि हरहु विषम भवभीर॥
कामिहि नारि पियरि जिमि लोभइ प्रिय जिमि दाम।
तिमि रघुनाथ निरन्तर प्रिय• लागहु मोहि राम॥

हे श्रीराम! मेरे समान कोई दीन नहीं है और आपके समान दीन का हित करने वाला कोई नहीं है, ऐसा सोचकर हे रघुवंश मणि! मेरे जन्म-मरण के असहनीय दुःखों का नाशकर दीजिए। जिस प्रकार कामी व्यक्ति को स्त्री प्यारी होती है, लोभी को जिस प्रकार धन प्यारा होता है, वैसे ही हे रघुवर! आप निरंतर मुझे प्राणों से भी अधिक प्रिय लगते रहें।

फूलहिं फरहिं सदा तरु कानन।
रहहिं एक संग गत पंचानन॥
खग मृग सहज बयरु बिसरई।
सबन्हि परस्पर प्रीति बढ़ाई॥
कूजहिं खग मृग नाना बृन्दा।
अभय चरहिं बन करहिं अनन्दा॥
सीतल सुरभि पवन वह मन्दा।
गुंजत अलि लै चलि मकरन्दा॥

राम राज्य में जंगलों में वृक्ष फूलते और फलते हैं। हाथी और शेर एक साथ रहते हैं। पशु-पक्षी आपस का बैर भुलाकर परस्पर प्रेमपूर्वक रहते हैं। पक्षी मीठी बोली बोलते हैं और सभी पशु निडर होकर जंगल में विचरण करते हैं। ठंडी, मधुर और सुगंधित हवा बहती है। भौंरे हंसी-खुशी से फूलों का रस पान करते हैं।

बार-बार बर मागऊं हरषि देहु श्रीरंग।
पद सरोज अनपायनी भगति सदा सतसंग॥

हे नाथ! आपसे मैं बार-बार यही वर मांगता हूं कि मुझे आपके चरण-कमलों की भक्ति मिले तथा आपके भक्तों की अनुकम्पा मुझ पर सदा बनी रहे। हे लक्ष्मीपति! प्रसन्न होकर मुझे यह वरदान दीजिए।

गुरु बिनु भव निधि तरइ न कोई।
जो बिरंचि संकर सम होई।।

संसार रूपी सागर, कोई भी सद्‌गुरु की कृपा के बिना पार ही नहीं कर सकता। चाहे वह ब्रह्मा और शंकर के सामान ही क्यों न हो।

सन्त असन्तन्हि कै असि करनी।
जिमि कुठार चन्दन आचरनी।।
काटइ परसु मलय सुनु भाई।
निज गुन देह सुगन्ध बसाई।।

संत और असंत की करनी ऐसी है जैसे कुल्हाड़ी और चंदन का व्यवहार या स्वभाव होता है। कुल्हाड़ी चंदन को काटती है लेकिन चंदन अपने स्वभाववश अपनी सुगंध देकर कुल्हाड़ी को भी अपनी ही तरह सुगंधित कर देता है।

पर हित सरिस धर्म नहिं भाई।
पर पीड़ा सम नहिं अधमाई।।

दूसरों का भला करने के समान कोई धर्म नहीं है और दूसरों को दुःख पहुंचाने के समान कोई अधर्म यानी अघम कार्य नहीं है।

बड़े भाग मानुष तनु पावा।
सुर दुर्लभ सब ग्रन्थन्हि गावा।।

तुलसीदास कहते हैं कि कई जन्मों के पुण्य-प्रताप से यह मनुष्य का शरीर मिला है। सारे शास्त्र और ग्रंथ मुक्तकंठ से गाते हैं कि यह शरीर देवताओं के लिए भी दुर्लभ है अर्थात् बड़ी मुश्किल से वे यह शरीर उन्हें मिल पाता है।

सन्त सहहिं दुख पर हित लागी।
पर दुख हेतु असन्त अभागी।।
भूर्ज तरु सम सन्त कृपाला।
पर हित निति सह बिपति बिसाला।।

दूसरों के हित के लिए संतजन दुःख सहते हैं और अभागे असंत दूसरों को कष्ट पहुंचाने के लिए दुःख सहते हैं। कृपालु संत भोज-वृक्ष के समान दूसरों के हित के लिए दुःख का सामना करते हैं।

ससुरारि पिआरि लगी जब तें।
रिपुरूप कुटुम्ब भए तब तें॥
नृप पाप परायन धर्म नहीं।
करि दंड बिडम्ब प्रजा नितहीं॥

जब से ससुराल प्यारी लगने लगी तब से ही परिजन शत्रु के समान लगने लगे। राजा पापी हो गए और उनमें धर्म का कहीं नामोनिशान नहीं रह गया, बिना अपराध के ही प्रजा को दंडित कर उसकी बुरी दशा किया करते हैं।

कलिकाल बिहाल किए मनुजा।
नहिं मानत कौ अनुजा तनुजा॥
नहिं तोष बिचार न सीतलता।
सब जाति कुजाति भए मंगता॥

कलिकाल ने मनुष्यों को बेहाल कर दिया है। बेटी, बहन को कोई नहीं मानता है। न ही किसी में संतोष है, न शांति है और न विचार ही है। सब जाति-कुजाति के लोग भीखमंगे हो गए हैं।

भगतिहि ग्यानहि नहिं कछु भेदा।
उभय हरहिं भवसम्भव खेदा॥

भक्ति और ज्ञान में कोई भेद नहीं रह गया है, दोनों ही भवबंधनों को मिटाते हैं।

ईश्वर अंस जीव अबिनासी।
चेतन अमल सहज सुख रासी॥

ईश्वर का अंश रूप जीव है। वह चेतन, निर्मल, सहज तथा सुखों की राशि है।

पर सम्पदा बिनासि नासहीं।
जिमि ससि हति हिम उपल बिलाहीं।

दूसरों के धन-दौलत का विनाश करने वाले वैसे ही मिट जाते हैं जैसे फसल को नष्ट करके ओले मिट जाते हैं।

धन्य देस सो जहं सुरसरी।
धन्य नारि पतिब्रत अनुसरी॥
धन्य सो नृपु नीति जो करई।
धन्य सो द्विज निज धर्म न टरई॥

धन्य वह देश है जहां गंगा बहती है; धन्य वह स्त्री है जो पतिव्रत धर्म

का पालन करती है; धन्य वह राजा है जो न्यायप्रिय है और धन्य वह मनुष्य है जो धर्म के अनुसार अपना जीवन व्यतीत करता है।

कबि कोबिद गावहिं असि नीति।
खल सन कलह न भल नहिं प्रीती॥

कवि और विद्वानों का कहना है कि दुष्टों के साथ सामान्य भाव से ही रहना चाहिए। उनके साथ न तो मित्रता अच्छी होती है और न ही शत्रुता भली होती है।

बयरु अकारन सब काहू सौं। जो हित अनहित ताहू सों।
झूठइ लेना झूठइ देना। झूठइ भोजन झूठ चबेना॥

दुष्ट लोग अकारण ही सब से शत्रुता करते हैं। जो उनके साथ हित करते हैं, उन्हें भी वे नहीं छोड़ते और उनका भी अहित ही करते हैं। उनका लेना-देना सब झूठा है, झूठ का ही भोजन करते हैं और झूठ का ही चबेना चबाते हैं।

विनय पत्रिका

गाइये गनपति जगबन्दन।
संकर-सुवन भवानी-नन्दन॥
सिद्धि-सदन, गज-बदन, बिनायक।
कृपा-सिन्धु, सुन्दर, सब लायक॥
मोदक-प्रिय, मुद-मंगल-दाता।
विद्या वारिधि बुद्धि विधाता॥
मांगत तुलसिदास कर जोरे।
बसहिं राम सिय मानस मोरे॥

सारे संसार में पूजनीय गणपति श्री गणेश जी का गुणगान कीजिए, जो भगवान शिव के पुत्र और भवानी के नंदन हैं; जो रिद्धि-सिद्धि के धाम हैं; जिनका मुंह हाथी जैसा है; जो विघ्न हरता हैं; कृपा-सिंधु हैं और पूर्ण समर्थ व सुन्दर हैं। जिन्हें लड्डू प्रिय हैं, जो आनंद और मंगल के दाता हैं, विद्या के समुद्र हैं; बुद्धि के विधाता है; ऐसे सब गुणों की खान गणेश जी से तुलसीदास हाथ जोड़कर यही वर मांगते हैं कि मेरे हृदय-मंदिर में सदा सीता-राम वास करें।

श्रीरामचन्द्र कृपालु भजु मन हरण भवभय दारुणं।
नवकंज-लोचन, कंज-मुख, कर कंज, पद कंजारुणं॥
कन्दर्प अगणित अमित छवि, नवनील नीरद सुन्दरं।
पटपीत मानहुं तड़ित रुचि शुचि नौमि जनक सुतावरं॥
भजु दीनबन्धु दिनेश दानव-दैत्यवंश-निकन्दनं।
रघुनन्द आनन्दकन्द कोसलचन्द दशरथ-नन्दनं॥
सिर मुकुट कुंडल तिलक चारु उदारु अंग विभूषणं।
आजानुभुज शर-चाप-धर, संग्राम-जित-खरदूषणं॥

इति बदति तुलसीदास शंकर-शेष-मुनि-मन रंजनं।
मम हृदय कंज निवास करु, कामादि खल-दल-गंजनं॥

हे मन! कृपालु श्रीरामचन्द्र का भजन कर। वे संसार के जीवन-मरण रूपी भय को दूर करने वाले हैं। उनके नेत्र अभी-अभी खिले कमल के समान हैं; मुंह, हाथ और पांव भी लाल कमल के समान हैं। उनके रूप-सौंदर्य की शोभा अनगिनत कामदेवों से भी अधिक है। उनके शरीर का वर्ण नीले सजल मेघ के समान सुन्दर है। पीलावस्त्र, श्याम वर्ण-शरीर में बिजली के समान चमक रहा है। ऐसे पावन रूप-सौंदर्य वाले जानकी-पति श्रीराम को नमस्कार है। हे मन! दीनबंधु, सूर्य के समान तेज वाले, दानव व दैत्यों के वंश का नाश करने वाले आनंद-कन्द, कौशल चंद्र, दशरथ के नंदन प्रभु श्रीराम का भजन कर। जिनके सिर पर मुकुट, कानों में कुंडल, माथे पर सिंदूर का तिलक और अंगों में आभूषण सुशोभित हो रहे हैं, जिनकी बांहें घुटनों तक हैं, जिन्होंने धनुष-बाण लिया है, जिन्होंने खर-दूषण को युद्ध में जीत लिया है, जो शंकर, शेष तथा मुनियों के मन को प्रसन्न करने वाले, काम, क्रोध, लोभ आदि दुष्टों के दल का नाश करने वाले हैं, तुलसीदास वंदना करते हैं कि वे प्रभुराम मेरे हृदय-कमलों में वास करें।

जाके प्रिय न राम-बैदेही।
तजिये ताहि कोटि बैरी सम, जदपि परम सनेही॥
तज्यो पिता प्रह्लाद, विभीषन बन्धु, भरत महतारी।
बलि गुरु तज्यो, कन्त ब्रज-बनितान्हि, भये मुद-मंगलकारी॥
नाते नेह राम के मनियत सुहृद सुसेब्य जहां लौं।
अंजन कहा आंखि जेहि फूटै, बहुतक कहौं कहां लौं॥
तुलसी सो सब भांति परम हित पूज्य प्रानते प्यारो।
जासों होय सनेह रामपद, एतो मतो हमारो॥

जिसको श्री सीता-राम प्रिय नहीं हैं, उसका करोड़ों शत्रुओं के समान त्याग कर दीजिए, चाहे वह आपका परम स्नेही ही क्यों न हो। प्रह्लाद ने अपने पिता को, विभीषण ने अपने भाई को और भरत ने अपनी मां को, राजा बलि ने अपने गुरु को, ब्रज-गोपियों ने अपने-अपने पतियों को भगवत दर्शन में विघ्न-बाधा समझकर छोड़ दिया, इससे उनका हित ही हुआ। वे सभी आनंद देने वाले तथा सबका मंगल करने वाले साबित हुए। जितने भी सुन्दर हृदय वाले और पूजनीय संतजन हैं, वे सभी प्रभु श्री राम की स्नेहमय भक्ति के कारण

जाने जाते हैं। अब कहां तक कहूं। जिस काजल या सूरमा को लगाने से आंखें ही फूट जाएं, फिर वह सूरमा किस काम का? तुलसीदास कहते हैं कि जिसके चलते भगवान राम की भक्ति मुझे मिल जाए, उनके चरण-कमलों में प्रेम हो जाए, वही सब तरह से अपना परम हितैषी है, पूजनीय है और प्राण से भी अधिक प्रिय है। तुलसी का तो यही मत है।

कवितावली

पग नपुर औ पहुंची करकंजनि मंजु बनी मनिमाल हिएं।
नवनील कलेवर पीत झंगा छलकै पुलकैं नृपु गोद लिएं।।
अरबिन्दु सो आननु रूप मरदु अनन्दित लोचन-भृंग पिएं।
मनमो न बस्यौ अस बालकु जौ तुलसी जग में फल कौन जिएं।।

भगवान राम के बालक रूप का वर्णन करते हुए तुलसीदास कहते हैं कि श्रीराम के पांवों में घुंघरू हैं, कमलवत हाथों में पहुंची है तथा गले में मणियों की सुंदर माला है। बालक श्रीराम के शरीर पर पीला झबला है। राजा दशरथ बालक श्रीराम को अपनी गोद में लेकर आनंदित हो रहे हैं। बालक श्रीराम का चेहरा कमल के समान कोमल है। उनके मोहक रूप को देखकर आंखें आनंद से विभोर हो जाती हैं, मन में अगर ऐसे बालक की छवि नहीं बसी तो यह जीवन बेकार है।

एहि घाटतें थोरिक दूरि अहै कटि लौं जलु थाह देखा इहौं जू।
परसें पगधूरि तरै तरनी, घरनी घर क्यों समुझाइहौं जू।।
तुलसी अवलम्बु न और कछू लरिका केहि भांति जियाइहौं जू।
बरु मारिए मोहि, बिना पग धोए हौं नाथ न नाव चढ़ाइहौं जू।।

केवट श्रीराम से कहता है कि इस घाट से बस थोड़ी ही दूरी पर कमर तक ही जल है। आप चलें तो सही, मैं थाह दिखला दूंगा। मैं नाव पर आपको तो नहीं बैठाऊंगा। आपके चरण-रज से अगर मेरी नाव भी अहिल्या के समान तर गई तो मैं अपनी पत्नी से क्या कहूंगा? मेरी रोजी-रोटी का आधार बस यह नाव ही है, दूसरा कोई साधन नहीं है। यह नाव तर गई तो परिवार का भरण-पोषण कैसे करूंगा। हे स्वामी! बिना आपके पांव धोए, मैं नाव पर नहीं बैठाऊंगा, भले ही आप मुझे जान से मार डालें।

रावरे दोषु न पायनको, पगधूरिको भूरि प्रभाउ महा है।
पाहन तें बन-बाहनु काठ को कोमल है, जलु खाई रहा है।।

पावन पाय पखारि के नाव चढ़ाइहौं, आयसु होत कहा है।
तुलसी सुनि केवट के बर बैन हंसे प्रभु जानकी ओर हहा है।।

हे नाथ! इसमें आपके पांवों का कोई कसूर नहीं है। आपकी पग-धूल का ही बड़ा प्रभाव है, जिसके स्पर्श मात्र से ही पत्थर सुन्दर स्त्री बन गया। मेरी नाव तो काठ की है और पत्थर से कोमल ही है तथा पानी में रहने से और भी कोमल हो गई है। हे स्वामी! इसलिए मैं आपके पवित्र पांवों को धोकर ही नाव पर चढ़ाऊंगा। कहिए आपकी क्या आज्ञा है? तुलसीदास कहते हैं कि केवट के चतुराई भरे शब्दों पर श्रीराम सीता की ओर देखकर ठहाका लगाकर हंस पड़े।

पुरतें निकसी रघुबीर बधू,
धरि धीर दए मग में डग द्वै।
झलकीं भरि भाल कनीं जलकी,
पुट सूखि गए मधुराधर वै।।
फिर बूझति हैं, चलनो अब केतिक,
पर्नकुटी करिहौ कित है?
तिय की लखि आतुरता पियकी,
अंखियां अति चारु चलीं जल च्वै।।

राम-वनगमन के समय की बात है -

श्री प्रभुराम की प्रिया सीताजी जब अयोध्या से बाहर हुईं तब वे धैर्य धारण कर दो कदम रास्ता चलीं, तभी उनके माथे पर पसीने की बूंदें झिलमिला उठीं और मधुर होंठ सूख गए। फिर उन्होंने रामजी से पूछा कि अब और कितनी दूर तक चलना है, कहां पर पर्ण कुटीर बनाइएगा? पत्नी की आतुरता देखकर राम जी की सुन्दर आंखों में आंसू झिलमिला पड़े और गालों तक लरज आए।

रामु बिहाइ 'मरा' जपतें बिगरी
सुधरी कबि कोकिलहू की।
नामहि तें गज की, गनिका की
आमिजल की चलि गै चल चूकी।।
नाम प्रताप बड़ें कुसमाज
बजाइ रही पति पांडुबधू की।
ताको भलो अजहूं 'तुलसी' जेहि
प्रीतिप्रतीति है आखर दूकी।।

राम शब्द को छोड़कर उल्टा 'मरा-मरा, जपने से कवि कोकिल वाल्मीकि का बिगड़ा जीवन सुधर गया। हाथी और वेश्या को मोक्ष राम का नाम लेने से ही मिल गया और अजामिल का छल भी चला गया। रामनाम यानी कृष्ण नाम की महिमा से पांडु वधू द्रौपदी की लाज, भरी राजसभा में बच गई। जिन लोगों को दो अक्षर के नाम 'राम' पर विश्वास है उनका आज भी भला ही होता है। इसमें कोई शक नहीं है।

किसबी, किसान-कुल, बनिक, भिखारी, भाट,
चाकर, चपल नट, चोर, चार, चेटकी।
पेट को पढ़त, गुन गढ़त, चढ़त गिरि,
अटत गहन-गन अहन अखेटकी॥
ऊंचे-नीचे करम, धरम-अधरम करि,
पेट ही को पचत, बेचत बेटा-बेटकी।
'तुलसी' बूझाइ एक राम घनस्याम ही तें,
आगि बड़वागितें बड़ी है आग पेट की॥

मजदूर, कृषक, व्यवसायी, भिखारी, भांट, नौकर, नट, चोर, दूत, बाजीगर--ये सारे पेट के लिए पढ़ते हैं, अनेक्र खूबियां स्वयं में पैदा करते हैं, पर्वतों पर चढ़ते हैं तथा शिकार के पीछे-पीछे कठिन और निर्जन जंगलों में भटकते फिरते हैं। ऊंच-नीच कर्म, धर्म, अधर्म सब पेट के लिए ही करते हैं। अपने बेटा-बेटी तक को भी पेट के लिए बेच देते हैं। तुलसी दास कहते हैं कि पेट की अग्नि तो समुद्र में लगने वाली बड़वाग्नि से भी अधिक खतरनाक और भयंकर है, इसको तो बस प्रभु राम रूप श्यामघन के नाम से ही बुझाया जा सकता है।